CHRISTINE FREISE-WONKA

Bamberger Frauen geschichten

HEINRICHS-VERLAG GMBH
Bayerische Verlagsanstalt Bamberg

Titelbild: „Königin von Saba", Gestühl im Westchor des Bamberger Domes, ca. 1390

Gewidmet

meiner Mutter

INGEBORG FREISE GEB. KEMNITZ (1925–1997)

und meiner Schwiegermutter

GISELA WONKA GEB. POTTHOFF (1921–1997)

in Dankbarkeit

Bildnachweis:
Christine Freise-Wonka: S. 11, 18, 19, 21, 22, 23, 30, 32, 35, 38, 40, 45, 46, 47, 31, 55, 61, 62, 64, 72, 79, 80, 83, 90, 93, 98, 103, 106, 110, 111, 113, 115, 120, 121, 125, 140, 144, 145, 146, 150, 154, 155, 159, 161, 162, 169, 171, 175, 185, 187 – Traude Lehmann: S. 7 – Peter Eberts: Umschlagseite, S. 12, 13, 14, 16, 25, 27, 29, 42 (2), 68, 111 und 154. Carlo Schillinger: S. 184 – S. 9: Repro aus: Oberfranken in vor- und frühgeschichtlicher Zeit, Walter Sage, hrsg. 1986 – S. 65: Repro aus: Albrecht Dürer, hrsg. von Schröder/Sternath, Ausstellungskatalog der Wiener Albertina, 2003 – S. 84: Repro aus: Drutenjagd in Franken, hrsg.von Birke Grießhammer, Katalog zur Wanderausstellung: Hexenverfolgung in Franken, 1999 – S. 87: Staatsbibliothek Bamberg – S. 101: Repro aus: Die Kunstdenkmäler von Bayern, Oberfranken, Stadt Bamberg, Immunitäten der Bergstadt 1, 2003 – S. 109: Repro aus: Glanz des Barock, Smlg.Ludwig in Bamberg, 1995 – S. 131: Städtische Sammlungen Bamberg, Historisches Museum – S. 142: Repro aus:Wulf Segebrecht (hrsg.), Romantische Liebe und romantischer Tod, Fußnoten zur Literatur Heft 48, 2001 – S. 147: Staatsbibliothek Bamberg M.v.O.DII 24a – S. 163: Repro aus: Bericht des Historischen Vereins Bamberg 118, S. 163 – S. 166/167: Repro aus: Von Athen nach Bamberg – König Otto von Griechenland, Begleitheft zur Ausstellung in der Neuen Residenz Bamberg, 2002, (Bayerische Verwaltung der staatl.Schlösser, Gärten und Seen, München, Fotoarchiv) – S. 176/178: Repro aus: Herbert Loebl, Juden in Bamberg, 2000

Lektorat: Hans Kraus
Herstellung: Heinrichs-Verlag GmbH, Bamberg
Druck und Bindung: Haßfurter Druck & Verlag GmbH, Haßfurt
ISBN 3-89889-050-3
ISBN 978-3-89889-050-2
Printed in Germany

Inhalt

16. JAHRHUNDERT

17. JAHRHUNDERT

18. JAHRHUNDERT

Vorwort

„Frauen haben sich rühmlich hervorgetan in jeder Kunst, um die sie sich mühten und jeder, der sich in der Geschichte auskennt, weiß von ihrem noch immer unverblassten Ruhm. Mag der Welt auch solches Wissen lange verborgen gewesen sein, so kann schlechter Einfluss nicht ewig dauern und vielleicht ist die den Frauen geschuldete Ehrfurcht nur durch den Neid der Schriftsteller verdüstert worden." So lobt der italienische Renaissancedichter Ludovico Ariost im 20. Gesang seines um 1520 verfassten Epos L'Orlando Furioso (Der Rasende Roland) die Fähigkeiten des weiblichen Geschlechts. Dabei handelt es sich aber leider nur um ein einsames Leuchten am dunklen Himmel allgemeiner männlicher Voreingenommenheit.

Durch alle Jahrhunderte wurde es den Frauen schwer gemacht, ihre Neigungen, ihre Intelligenz und ihr Können zu bilden und auszuleben. So klagt Dorothea Christiane Leporin, eine studierte Ärztin, 1742 in ihrem Werk „Gründliche Untersuchung der Ursachen, die das weibliche Geschlecht vom Studiren abhalten": *„Einer der gewöhnlichsten Einwürffe, welcher vielen den Kopf sehr einnimmt, ist dieser: die Weiber müßten den Männern untertan sein. Das sind ihrer viele aber sehr ungern. Würden sie nun durch die Studia allzu klug gemacht, so würden sie noch mehr das Joch der Männer von sich werffen."*

Noch im 19. Jahrhundert lehrte die Kirche, dass Frauen von Natur aus böse, gering im Glauben und ein Gefäß der Sünde seien. Unter Theologen war außerdem strittig, ob Frauen überhaupt eine Seele hätten.

Ausschnitt aus der Schedelschen Weltchronik, 1493

Doch Frauen haben an der Geschichte einen ebenso großen Anteil wie Männer. Sie waren immer aktiv handelnde und nicht passiv unterworfene Mitglieder der Gesellschaft – allerdings in einer von Männern beherrschten und definierten Welt. Die vorliegende Publikation will Bamberger Frauen verschiedenster Zeitalter und verschiedenster Sozialschichten vorstellen und ihnen damit ihre Gesichtslosigkeit nehmen. Nicht immer kann man Frauengeschichten jedoch an Einzelpersönlichkeiten festmachen. So werden Bamberger Häuser, Plätze und Kirchen zu Schauplätzen von Frauengeschichten, die sich so auch in anderen Städten zugetragen haben können. Keinesfalls wird Anspruch auf Vollständigkeit erhoben. Vieles liegt noch im Dunkel. So konnte nur exemplarisch ausgewählt werden.
Spannend oder tragisch, manchmal erheiternd, teils erschütternd führen die Bamberger Frauengeschichten durch die Jahrhunderte einer Stadt, die bislang nur aus Männergeschichte bestand.

Im 8. Jahrhundert war der Domberg in Bamberg mit ebenerdigen Pfostenbauten aus Holz und einigen Steingebäuden von einer germanisch-slawischen Mischbevölkerung besiedelt. Die Steingebäude erlauben die Interpretation, dass die kleine Siedlung bereits in dieser Zeit eine herausragende Bedeutung hatte.

Bilihild und die Erstnennung Bambergs

Gewöhnlich lässt man die schriftlich überlieferte Geschichte Bambergs mit dem Jahr 902 beginnen. Graf Adalbert zieht mit seinen Brüdern „... *ex castro, quod Babenberh dicitur* ...“ (aus der Burg namens Babenberh) in eine schicksalhafte Schlacht gegen die Konradiner, die als „Babenberger Fehde“ bekannt ist. Die Schlacht endet tragisch für die Babenberger, doch immerhin sorgten sie durch ihren Streitesmut angeblich für die Erstnennung Bambergs.

Unbemerkt blieb bei dieser Behauptung eine Geschichte aus dem frühen 8. Jahrhundert. In dieser Zeit lebte in Veitshöchheim ein Mädchen mit dem reizenden Namen **Bilihild**, die im Kindesalter ihrer Verwandten „Ducissa“ Kunigunde in Würzburg zur Erziehung übergeben wurde. Der verwitwete Herzog Hetan II. zu Würzburg, der seinen Sohn in einer Schlacht verloren hatte, wünschte die Ehe mit Bilihild, um seine Nachfolge zu sichern, doch deren Vater war aufgrund des großen Altersunterschiedes gegen die Eheschließung. Erst als er verstorben war, gibt die Mutter dem Drängen des Herzogs nach. Im Anschluss an die Hochzeit, die sich ziemlich genau auf das Jahr 718 festlegen lässt, findet eine Huldigungsreise statt, die das Paar nach Bamberg führt, wo große Feierlichkeiten stattfanden und die Franken Bilihild und dem Herzog ihre Aufwartung machten: „*Babenberg veniunt, ubi multa iocalia fiunt, Francorum gentes ipsamque Ducem recolentes.*" In Bamberg bezog man eine Burg auf dem heutigen Domberg, die nach archäologischen Befunden in großen Teilen aus Stein gebaut war. Das dokumentiert, dass der Berg schon im 8. Jahrhundert eine herausragende Bedeutung als zentraler Platz besaß.

Der Silberbecher von Pettstadt

Die Reise nach Bamberg fand aus Gründen der Bequemlichkeit und da die Zeit nicht drängte sicher per Schiff statt, das Bilihild und ihr gesamtes Gefolge auf Main und Regnitz nach Bamberg brachte. „*Bei einer ähnlichen mit großer Wahrscheinlichkeit feuchtfröhlichen Fahrt auf dem Main bzw. der Regnitz mag auch der berühmte, acht Kilometer oberhalb von Bamberg ... gefundene Pettstadter Becher über Bord gegangen sein, denn bei der Kostbarkeit dieses Gefäßes wird man annehmen dürfen, dass er im Prinzip wohlverwahrt im Gepäck mitgeführt wurde, wenn nicht besondere Gründe für seinen Gebrauch vorlagen, die man am ehesten in einer Lustbarkeit auf dem Schiff erblicken darf.*" (Heinrich Wagner, Die Erstnennung Bambergs, Bericht des Hist.Vereins Bamberg 2001)

Im Folgejahr 719 verlässt Herzog Hetan II. seine schwangere Frau und zieht an der Seite Karl Martells in die Schlacht gegen König Chilperich II. Er kommt ums Leben. Bilihild reist zunächst auf ihren Stammsitz Höchheim am Main und dann nach Mainz zu ihrem Onkel Bischof Rigbert. Dort bringt sie einen Sohn zur Welt, der jedoch bereits mit drei Jahren stirbt. Bilihild ist gebrochen, entsagt dem weltlichen Leben und gründet in Mainz das Kloster Altmünster, in dem sie als Äbtissin verstirbt. Später wird Bilihild als hl. Bilhildis in den römischen Heiligenkalender aufgenommen.

Für uns gilt festzuhalten, dass die Erstnennung Bambergs nicht auf eine blutige Männerschlacht, sondern eine friedliche und prachtvolle Hochzeitsreise zurückgeht.

Durch die so genannte „Babenberger Fehde" 902/3 tritt die Burg der Babenberger ins Licht der Geschichte. Sie geht 973 als Geschenk von Kaiser Otto II. an seinen Vetter, den Bayernherzog Heinrich den Zänker. Dessen Sohn, der spätere Kaiser Heinrich II., und seine Gemahlin Kunigunde gründen 1007 das Bistum Bamberg und lassen bis 1012 den ersten Dom bauen. Bamberg ist immer wieder Schauplatz großer Ereignisse. 1020 hält sich Papst Benedikt VIII. in der Stadt auf. 1024 stirbt der Kaiser und wird feierlich in seinem Dom beigesetzt. 1033 folgt ihm seine Gemahlin Kunigunde. 1046 wird Suidger, der 2. Bamberger Bischof, zum Papst gewählt († 1047). Als Clemens II. findet er als einziger Papst nördlich der Alpen im Dom seine letzte Ruhe. Das Kloster St. Michael, die Stifte St. Stephan, St. Gangolf und St. Jakob entstehen.

Die hl. Kunigunde, die Bistumsgründung und andere Geschichten

Männlich orientiertem Geschichtsverständnis ist es zu verdanken, dass die Gründung des Bistums Bamberg in nahezu allen Schriften Kaiser Heinrich II. zugeschrieben wird. Doch ohne seine Gemahlin **Kunigunde** wäre diese Gründung nie zustande gekommen und die Geschichte Bambergs hätte einen anderen Verlauf genommen. Heinrich hatte nämlich 997 die Babenburg mit allen Zugehörungen seiner Gattin als so genannte Morgengabe zur Hochzeit geschenkt und somit keine Verfügungsgewalt mehr über sein ehemaliges Besitztum. Nur der

Hl. Kunigunde, Barockstatue auf der Unteren Brücke

Verzicht Kunigundens auf dieses Geschenk und damit auf ihre Witwenversorgung – übrigens gegen den ausdrücklichen Willen ihrer Brüder – ermöglichte Heinrich die Errichtung seines Bistums im Jahr 1007. Kunigunde verlangte als Entschädigung den Königshof Kassel, bei dem sie das Kloster Kaufungen gründete, hinter dessen Mauern sie sich nach dem Tod ihres Mannes zurückzog.

Die Gründung des Bistums und der Bau der Kathedrale fielen in eine Zeit, als sich bereits abzeichnete, dass das Kaiserpaar ohne Kinder bleiben würde. Stiftungen und Schenkungen dienten der Erlösung im Jenseits und sie waren umso mehr nötig, wenn sich im Diesseits keine Kinder dem Seelenheil der verstorbenen Eltern widmen konnten. Das Leben ohne leibliche Nachkommen war für ein Kaiserpaar, das im „Blutzwang“ stand, besonders tragisch. In mehreren Legenden, die sich um Kaiserin Kunigunde ranken, wird dieses Problem aufgegriffen. Schon Ende des 11. Jahrhunderts berichtet der Mönch Frutolf vom Kloster St. Michael, dass während der Abwesenheit des Kaisers Kunigunde dreimal vom Teufel in Gestalt eines schönen Jünglings in ihrer Kammer besucht wurde. Ein Diener beobachtet, wie er das

Zimmer der Kaiserin verlässt und berichtet dem heimkehrenden Heinrich von der angeblichen Untreue seiner Frau. Die Kaiserin verlangte daraufhin, sich einem Gottesurteil zu unterwerfen, da sie als Frau nicht eidfähig war. Sie spricht ein Gebet und schreitet dann unverletzt über glühende Pflugscharen. Dabei versichert sie: *„Sô dieser selbe Heinrich nie ze weibe mich gewann, er noch nie kein andrer mann.“* (Addimentum Vitae Heinrici, Ebernand von Erfurt um 1210/20)

Die Preisgabe dieses ehelichen Geheimnisses erboste den Kaiser so, dass er seiner Frau ins Gesicht schlug. Sie musste mit einem Tuch die Blutung der geplatzten Lippe und der Nase stillen, wie das auf vielen Darstellungen zu sehen ist. Am Grab der Kaiserin im Bamberger Dom ist das Thema von Tilman Riemenschneider aufgegriffen worden, doch verzichtet er auf das unwürdige Motiv der geschlagenen Frau.

Die Pflugscharprobe am Kaisergrab im Dom

Für Kunigunde gibt es keine gesicherten Quellen, die auf ein Gottesurteil schließen lassen. Das Schreiten über glühende Scharen oder das Tragen von glühenden Eisen gehörte im germanischen Recht jedoch durchaus zu den Mitteln der Wahrheitsfindung und wurde bevorzugt bei Frauen angewandt. Für Bamberg ist im Jahr 1063 der Fall einer Frau namens Heylica bekannt, die sich einem Gottesurteil mit glühenden Eisen unterwarf, weil sie des Geschlechtsverkehrs mit mehreren Männern angeklagt war. (Aus einem Brief des Domscholasters Meinhard)

Die Unberührtheit, die Kunigunde ausspricht, und die daraus erklärbare Kinderlosigkeit kommt in einer anderen Begebenheit ebenfalls zum Ausdruck. So zeigt uns ein weiteres Relief am Grabe des Kaiserpaares den Tod Heinrichs in der Pfalz Grone bei Göttingen im Jahr 1024. Mit dem Finger zeigt er auf seine weinende Frau und soll dabei die Worte gesprochen haben: „*Diese habe ich von*

Die Sterbeszene am Kaisergrab im Dom

Gott ... als Jungfrau erhalten. Ich gebe sie Euch zurück, wie ich sie erhalten habe." Hier wurde posthum der Versuch unternommen, das Problem der Kinderlosigkeit und den versteckten Vorwurf der „Lendenlahmheit" sakral zu lösen, indem man dem Paar eine Josefsehe andichtete. In diesem Zusammenhang ist es interessant zu wissen, dass es Heinrich II. war, der gemeinsam mit Papst Benedikt VIII. auf der Synode von Pavia 1022 anordnete, dass alle Geistlichen einschließlich der Subdiakone zölibatär leben und bei Zuwiderhandlungen mit schweren Strafen rechnen müssten. Freiwillige Kinderlosigkeit ist für das Kaiserpaar dennoch völlig auszuschließen, denn gerade in Hochadelsschichten, die ihren Rang über die Abstammung definierten, nahm zahlreiche Nachkommenschaft einen zentralen Stellenwert ein. Die zölibatäre Josefsehe wird durch Heinrich II. selbst widerlegt, da er in seinen Urkunden Kunigunde mehrfach als „*eheliche Zeltgenossin und Hausgefährtin*" bezeichnet und betont, dass „*wir zwei in einem Fleische sind.*" Der Kirchenlehrer Augustinus († 430) sagt, dass er ohne die Absicht, Kinder zu zeugen, nicht erkenne, welchen Nutzen die Frau für den Mann habe solle.

Es mutet kurios an, dass ausgerechnet der kinderlosen Kaiserin Kunigunde eine besondere Bedeutung bei schwangeren und kinderlosen Frauen zukam. Bis heute wird im Diözesanmuseum eine Tunika der hl. Kunigunde bewahrt, durch die seit dem späten Mittelalter „*sonderlich schwangern Weibern, so sich vor schweren gefährtlichen Geburten besorgen, angethan und umbgürtet und ihnen dadurch wunderbarer weiß mit großer frohlockung offtermals vor der zeit geholffen worden und noch geholffen wirdt.*" (Johann Bonius, Text zum Stadtplan des Petrus Zweidler, 1603)

Die erste Frau, die dieses Glück erfuhr, war nach derzeitiger Quellenlage die schwangere Ehefrau des Markgrafen Albrecht Achilles von Brandenburg. (Vgl. Dorothea von Brandenburg, S. 56)
Umfangreiche Reparaturrechnungen belegen, dass die Tunika der Kaiserin häufig benutzt und verliehen wurde. Ganz nebenbei war das Verleihen des Kleides der Heiligen ein einträgliches Geschäft für das Domkapitel.
Ähnliche Wirkung wie der Tunika schrieb man dem Schädeltrunk zu. Vergleichbar dem Trunk aus dem Glas der hl. Elisabeth (vgl. Die hl. Elisabeth, S. 31) verhalf ein Schluck Wein aus dem Schädel der heiligen Kunigunde schwangeren Frauen zu einer leichten Geburt.
In der Frauenheilkunde fand Wasserdost Anwendung. Das ist eine etwa 1,50 Meter hohe, lila blühende Sumpfpflanze, die im Volksmund Kunigundenkraut genannt wird. *„Das Kraut, dieweil es sehr bitter ist, reinigt ... Deshalb wenn man's in Wein oder Wasser siedet und trinkt ... bringt es den Frauen ihre Zeit. ... Getrunken*

Das Pfennigwunder am Kaisergrab im Dom

soll Wasserdost bei Wunden helfen.“ Wasserdost ist fiebersenkend und stärkt das Immunsystem, war somit auch für die nachgeburtliche Behandlung geeignet.

Kunigunde war eine gebildete Frau, die eine herausragende Rolle in ihrer Zeit spielte. Zum Teil griff sie maßgeblich in die Regierungsgeschäfte ein. In nahezu der Hälfte der Bamberger Urkunden erscheint sie als Vermittlerin. Ihre besondere Stellung wird durch verschiedene Privilegien deutlich. Sie war die erste Gattin eines regierenden Herschers, die in einer eigenen Zeremonie und an einem anderen Ort als ihr Mann gekrönt wurde. Am 10. August 1002 erfolgte im Dom von Paderborn mit diesem Akt die erste Krönung einer Königin in der deutschen Geschichte überhaupt. 1017 wird sie als erste Frau symbolisch in die Gebetsverbrüderung der Paderborner Domkanoniker aufgenommen, in einen Kreis, der ausschließlich Männern vorbehalten war.

Das Ansehen der Kaiserin war in Bamberg so hoch, dass man ihr die Gründung und den Bau der Stephanskirche zuordnete, obwohl die Quellenlage ein anderes Bild zeichnet.
Mit dem Bau dieser Kirche ist das Pfennigwunder verbunden, eine Legende, die 1511 erstmals beschrieben wird. Am Kaisergrab im Dom, das 1500 bis 1513 durch den Künstler Riemenschneider und seine Werkstatt geschaffen wurde, erscheint sie noch in ihrer ursprünglichen Version: Kunigunde habe beim Bau der Stephanskirche an jedem Abend eine Schale mit dem Lohn für die Arbeiter aufgestellt. *„Ein Taglöhner nach dem anderen ging zur hl. Jungfrau und ein jeder griff in die Schüssel, seinen Taglohn zu nehmen, und er empfing nicht mehr, als er getreulich verdient und die*

Arbeit begonnen hatte. Wer früh kam, konnte nicht mehr nehmen als er verdient hat, desgleichen der, der spät oder langsam kam, hob auch nicht mehr auf, als ihm zustand.“ Das Wunder bestand also darin, dass keiner in der Lage war, mehr zu nehmen, als ihm gebührte. 1853 wird die Legende verändert. Seither wird erzählt, dass einer der Werkleute Tag für Tag zu viel genommen habe, bis die Kaiserin auf die Baustelle kam und die Lohnentnahme beaufsichtigte. Wieder wollte der Dieb zu viel Geld einstecken, doch die überzähligen Pfennige glühten und hinterließen Brandmale in seiner Hand.

Kunigunde als Stifterin
Relief gegenüber der Stephanskirche
spätes 15. Jahrhundert

Die Stephanskirche erfuhr bis in jüngste Zeit immer Zuwendungen durch Frauen. Im 19. Jahrhundert erhielten die neun Chorfenster farbige Verglasungen. Sechs davon waren Stiftungen von Frauen. Die Fenster existieren nicht mehr.

Kunigunde ist bis heute eine Heilige, deren Verehrung besonders bei Frauen verankert ist. So dokumentieren viele Legenden ihre Herzenswärme und ihr weibliches Einfühlungsvermögen. In diesem Sinn kann man auch die Erzählung von Kunigundens Ring verstehen: Gemeinsam mit ihrem Mann unternahm sie einen Ausflug. Auf einer schönen Lichtung legte das Paar eine Pause ein, ein Platz, der heute noch den Namen „Kunigundenruh“ trägt. Plötzlich beginnen die Glocken des Domes zu läuten. Zuerst die Heinrichsglocke: schwer, dunkel und melancholisch. Dann setzt die Kunigundenglocke ein. Hell und fröhlich ist sie zu hören. Kunigunde bemerkt, dass sich die Miene des Kaisers verdüstert. Da zieht sie ihren Ring vom Finger und wirft ihn zum kilometerweit entfernten Dom. Sie trifft ihre Glocke, der Ring schlägt ein Loch, und der Klang der Glocke ist zerstört. Das Loch in der Glocke existiert noch heute. Allerdings ist es nicht durch Kunigundens Ring, sondern eine spezielle Gusstechnik entstanden.

Die Kunigundenglocke des Bamberger Domes mit ihrem Loch

1102 wird Otto I. zum Bamberger Bischof gewählt († 1139). Als Heiliger und Apostel der Pommern geht er in die Geschichte ein. Sein Grab befindet sich in St. Michael, dem Kloster, dem seine besondere Liebe galt. Er stiftet die Wallfahrtskapelle St. Getreu (Hl. Fides / St. Foy), die östlichste Verehrungsstätte der Heiligen in Europa. Während seiner Regierungszeit entsteht eine der frühesten Steinbogenbrücken Deutschlands über den linken Regnitzarm. 1152 stirbt König Konrad III. in Bamberg und wird im Dom beigesetzt. 1189 wird der gesamte Domberg einschließlich der Kathedrale von einem Feuer nahezu zerstört. Wenig später beginnt man den Neubau des heutigen Domes. Aus einem Spital entsteht das Frauenkloster St. Theodor auf dem Kaulberg.

Gertrud von Höchstadt-Stahleck und die Folgen des „Hundetragens“

1144 entsteht auf Veranlassung des Bischofs am Kaulberg ein Spital für Reisende, Pilger und Hilfsbedürftige. Schon 1157 werden die Spitalgebäude jedoch an Nonnen des Klosters Wechterswinkel übergeben, damit die Stadt, *„die von allen Seiten durch die Bollwerke der Kleriker und Mönche umgeben ist, auch gottgeweihte Frauen in ihrer Umgebung habe.“* Die Nonnen standen unter der Führung der verwitweten Pfalzgräfin **Gertrud von Höchstadt-Stahleck**, einer Schwester König Konrads III., die ein tragisches Schicksal ins Klos-

Das Kloster St. Theodor auf dem Kaulberg (heute Karmelitenkloster)

ter getrieben hatte. Ihr Gatte, Pfalzgraf Hermann, hatte während der Abwesenheit des Kaisers Friedrich Barbarossa Landfriedensbruch begangen und war zur Strafe des „Hundetragens" verurteilt worden. Diese Bestrafung fand öffentlich statt. Der Herr wird damit zum Diener des Hundes. Diese Demütigung ließ als Ausweg nur die Flucht hinter Klostermauern. Pfalzgraf Hermann gründete das Kloster Maria Bildhausen, in das er selbst eintrat. Seine Frau wurde Nonne in Wechterswinkel. 1156 stirbt ihr Mann und im Folgejahr kommt sie aus oben genanntem Grund in das Bamberger Spital, das nun mit ihrer „Mitgift" in ein Benediktinerinnenkloster umgewandelt wird. 1191 stirbt Gertrud als Nonne in dem von ihr gefördertem Kloster. Ihre Grabstätte hat sich, im

Gegensatz zur Grabstätte ihres Bruders König Konrads III., der im Dom beigesetzt wurde, nicht erhalten.
Immer wieder gab es in Frauenklöstern Phasen des moralischen Verfalls und der Sittenlosigkeit. Auch Bamberg bildete hier keine Ausnahme. Ältere Nonnen hielten Novizinnen wie Sklavinnen zu ihrer persönlichen Bedienung. Männerbesuche wurden von der Äbtissin nicht unterbunden. Schwangere Nonnen gebaren heimlich ihre Kinder, die nicht selten „beiseite geschafft“ wurden. Man hört von Reformen, die zwar Abhilfe schufen, aber nicht von Dauer waren. So wundert es nicht, dass der prachtvolle Kreuzgang des Bamberger Konvents am Kaulberg, der im späten 14. Jahrhundert entstand, viele warnende Hinweise enthält. Eine Sirene spreizt obszön ihren Fischschwanz, doch ihr reizvoller nackter Oberkörper hat sich in einen Esel mit Geierschnabel verwandelt: Unzucht macht gierig und dumm!

Symbol der Unkeuschheit Kapitell im Kreuzgang des Klosters St. Theodor

Besonders reizend jedoch ist das Kapitell mit der Darstellung der antiken Sage von Aristoteles und der Magd Phyllis als Sinnbild der Macht der Frauen: Aristoteles warnte seinen Freund Alexander den Großen vor dieser Macht. Alexanders Frau, die davon hörte, beschloss, sich an Aristoteles zu rächen. Sie schickte Phyllis, ihre schönste Magd, jeden Morgen mit aufreizenden Kleidern in den Garten vor die Studierstube des Aristoteles, der großes Verlangen verspürte. Phyllis versprach ihm seine Wünsche zu erfüllen, wenn sie zuvor auf ihm reiten dürfe. Schier verrückt vor Begierde willigte Aristoteles ein, und genau in diesem Moment führte Alexanders Gattin ihren Ehemann herbei, der dem so gedemütigten Philosoph Vorwürfe machte, er habe ihn vor etwas gewarnt, dem er nun selbst verfallen sei.

Geschickt zieht sich Aristoteles aus der Affäre: Dies wäre nur ein Beweis der Gefährlichkeit der Frauen und der Berechtigung seiner Warnung. Wenn ihm als Weisesten aller Weisen so etwas zustoße, wie leicht seien dann andere Männer zu verführen.

Aristoteles und Phyllis, Kapitell im Kreuzgang des Klosters St. Theodor

1208 wird König Philipp von Schwaben während einer Hochzeitsfeier in der Hofhaltung zu Bamberg ermordet. Zunächst findet er seine letzte Ruhe im Dom, wird aber 5 Jahre später nach Speyer überführt. Sein Tod fällt in die Regierungszeit von Bischof Ekbert aus dem bedeutenden Geschlecht der Andechs-Meranier, dem die hl. Hedwig von Schlesien und die hl. Elisabeth von Thüringen entstammen. 1237 wird der neue und heute noch stehende Dom geweiht. Er wurde mit prachtvollen frühgotischen Skulpturen ausgestattet, darunter der weltberühmte Bamberger Reiter. Franziskaner und Karmeliten lassen sich in Bamberg nieder.

Torschusters Töchterlein und die Seherin Sibylle Weiß

Das Ansehen der Frau verändert sich im 13. Jahrhundert. Gerade als der Bamberger Dom gebaut wurde, entstand im ersten Drittel des 13. Jahrhunderts der „Rosenroman“ des Guillaume de Lorris. Es handelt sich um eine allegorische Beschreibung der „ars amandi“, der Kunst zu lieben. Hier steht geschrieben: *„Diene den Frauen und ehre sie, bemühe dich in ihrem Dienst! Und solltest Du einen Spötter vernehmen, der die Frauen verachtet, tadle ihn und bringe ihn zum Schweigen! Wenn immer möglich, mache dich durch dein Handeln bei den Damen und Jungfrauen beliebt, so dass sie Gutes über dich sagen und zu erzählen wissen. Dann wirst Du geachtet werden.“*

Es ist die Zeit, in der die Frauenskulpturen der Kathedrale entstanden, die in ihrer Schönheit kaum zu übertreffen sind. Allen voran die Synagoge, Sinnbild der jüdischen Glaubensgemeinschaft. Sie wird ohne Mantel, dem Standesmerkmal der hohen Frau des Mittelalters, dargestellt. Ihr hauchzartes Gewand zeigt mehr als es verbirgt. *„Obwohl sie ein Greuel vor Gott und eine Schande unserer Zeit sind, gehen sie ohne jede Scheu allem Volke zur Schau einher.“* Diese Worte schrieb Bischof Thietmar von Merseburg (975–1018) bereits um das Jahr 1000 und ergänzt, moderne Frauen würden ihre Kleidung in unziemlicher Weise gürten und Liebhabern allzu offenherzig ihre Reize zeigen. Die Augen der Synagoge sind als Sinnbild der Blindheit des Judentums für die Offenbarung Gottes verbunden. Die Gesetzestafeln Moses entgleiten ihrer Hand, die Herrschaftsfahne, Symbol ihrer Macht, ist gebrochen. Sie soll die Besiegte darstellen, doch ihre Haltung und ihre Anmut sind unvergleichlich. Nicht verwunderlich also, dass das Volk aus ihr das legendäre **„Torschusters Töchterlein“** machte. Das bildhübsche Mädchen, Tochter eines unweit wohnenden Schusters, war von Neiderinnen ihrer Schönheit der Unzucht bezichtigt worden.

Die Synagoge vom Fürstenportal Domskulptur des 13. Jahrhunderts

Das Todesurteil war die Folge. Mit verbundenen Augen führte man die junge Frau zum Richtplatz, wo sie verbrannt werden sollte. Als Symbol für den Feuertod trägt sie ein Holzscheit in der rechten Hand. Als sie am Dom vorbeischritt, lösten sich zehn Ziegel des Daches – so interpretierte das Volk die Gesetzestafeln Synagogens – und erschlugen das Mädchen. Gott konnte sie nicht retten, aber die Qualen des Feuertodes blieben ihr erspart.
Neben ihr steht Ecclesia, die christliche Kirche, mit Krone und Umhang als Zeichen ihres hohen Standes. In den abgebrochenen Armen hielt sie Kelch und Siegesfahne.
Die Originale beider Skulpturen befinden sich heute im Ostteil des südlichen Seitenschiffes des Domes. An ihrem ehemaligen Standort am Fürstenportal wurden vor ein paar Jahren Kopien aufgestellt.
Im nördlichen Seitenschiff steht die großartige Statue der schwangeren Mutter Maria, die glücklich lächelnd ein nicht vorhandenes Gegenüber grüßt. Hier fehlt – um eine Gruppe der so genannten Heimsuchung zu vervollständigen – Elisabeth, die Base Mariens. Früher deutete man die links neben Maria stehende Figur in diese Richtung, doch besteht zwischen den beiden keinerlei Beziehung. Die alte, verhärmte Frau bei Maria ist das Abbild einer Sibylle, einer Seherin. Wie um die Synagoge rankt sich auch um diese ausdrucksvolle Frauengestalt eine märchenhafte Sage. Sie wird von Leo Weismantel in seinem Roman „Die Sibylle“ (1950) erzählt und beginnt: *„Es war im Jahre 1170, dass in tiefster Einsamkeit … nahe dem Orte Lonnerstadt bei Höchstadt an der Aisch ein Schicksal zu spielen begann, das dem Furchtbarsten zuzuzählen ist, was je auf Erden geschehen ist.“* Zu lesen ist die Geschichte einer Frau mit Namen **Sibylle Weiß**, die im Alkoholrausch gezeugt

wurde und unvermählt auf ihrem Schloss bei Lonnerstadt lebte. Sie hatte hellseherische Fähigkeiten und ihre Kenntnisse wurden von Adeligen und Fürsten häufig in Anspruch genommen. Ihr Leben verlief aufregend, manchmal dramatisch. Sie war weit über hundert Jahre alt, als sie aufgrund einer dunklen Vision, in der Kaiser Friedrich II. und das Schicksal des Reiches eine Rolle spielten, nachts im Bamberger Dom ermordet wurde. Unter dem Bamberger Reiter fielen die Mörder über die weise Frau her: *„Sie fühlte einen dumpfen Stich über der Stirn und dann verlor sie das Bewusstsein."* Am nächsten Morgen fand man sie. *„Der Dolch des Mörders stak noch in dem Tuche, mit dem sie ihr Haupt verhüllt hatte."* Da man nicht wusste, wo man Sibylle begraben sollte, band man sie auf ihr Maultier. An der Stelle, wo es sich zur ersten Rast hinlege, wollte man die Tote bestatten. Das Tier lief direkt auf den Laubersberg nahe Lonnerstadt. Dort hatte Sibylle oft die Antoniuskapelle besucht. Sie war ihr ein Ort des Friedens und der inneren Einkehr. Neben der Kapelle trug man Sibylle Weiß zur letzen Ruhe und schüttete einen Grabhügel auf. Der Volksmund erzählt, wenn das Grab sich so weit von der Kapelle entfernt habe, dass ein Reiter hindurch passe, gehe die Welt unter.

Die Seherin Sibylle
Domskulptur des 13. Jahrhunderts

Und tatsächlich wurde der Hügel von Wind und Regen immer mehr abgetragen, so dass die Lonnerstädter Angst bekamen und die Kirchhofmauer direkt neben dem Grabhügel errichteten. 1937 wurde das Grab geöffnet und tatsächlich ein Skelett mit einer Schädelverletzung entdeckt. *„Das Volk selbst hat durch die Jahrhunderte die Auffassung vererbt, – wie auch die Existenz des Sibyllengrabes beweist, zu dem heute noch Gläubige pilgern ... – dass es sich bei der Sibylle um eine geschichtliche Gestalt handelt, um eine fränkische Seherin „Sibylle Weiß", die bedeutsame Weissagungen zum Schicksal des Reiches hinterlassen habe."*

Der Bamberger Reiter und die Frauen

Der Bamberger Reiter

Die berühmteste Figur im Bamberger Dom ist zweifelsohne der Reiter. Er entstand um 1235 und wird heute häufig als König Stephan von Ungarn gedeutet. Die engen Beziehungen zwischen Bamberg und Ungarn, die eine solche Deutung rechtfertigen, wurden von Frauen hergestellt. König Stephan von Ungarn war mit **Gisela**, der Schwester Heinrichs II. vermählt und somit Schwager des Bamberger Bistumsgründers. Als gute 200 Jahre später die heutige Figur entstand, war Ekbert von Andechs-Meranien Bischof von Bamberg. Seine Schwester **Gertrud** war ebenfalls mit dem Ungarnkönig, damals Andreas II., verheiratet. Die Verbindungen zu Ungarn waren demnach durch Frauen sehr eng. Diese Verbindung bot Bischof Ekbert nach dem berühmten Mord an König Philipp von Schwaben in Bamberg auch die Möglichkeit des Exils.

Der Bamberger Reiter wird als eine der hoheitsvollsten Skulpturen des frühen 13. Jahrhunderts bezeichnet und fand zu allen Zeiten weibliche Bewunderer. Im 19. Jahrhundert wird er literarisch von dem Bamberger Fischermädchen **Ilse** glühend verehrt. Sie kommt zu Tode, als sie ihm Blumen bringen will und von der Leiter stürzt. (Vgl. Madeleine Baronne Deslandes, S. 170) 1934 lässt der Autor Helmut Soik ein blondes neunjähriges Romanmädchen mit dem klassischen Modenamen der damaligen Zeit – **Inge** – erstehen. Sie bewunderte den Reiter, seit sie ein Foto von ihm gesehen hatte und als sie nun endlich das erste Mal nach Bamberg kam, wünschte sie sich nichts mehr, als dass er – ihr Parzifal – wenigstens für einen Augenblick lebendig werde und ein paar Worte mit ihr spreche. Der Stein bleibt stumm, doch ist sie ihrem Reiter weiterhin im Herzen verbunden. Wenig später verirrt sie sich im Wald.

Plötzlich hört sie Hufschlag. Es ist *ihr* Reiter *„und sie küsste ihn mitten auf den herrlichen Mund. ‚Bist du es auch wirklich?' ‚Ja', sagt eine dunkle weiche Stimme. ‚Ich bin es, dein Parzifal vom Dom zu Bamberg'."* Inge darf aufsitzen und er führt sie aus dem Wald. Am Haus von Inge angekommen, trennt sich der Kavalier von der jungen Blondine. *„Dann schwang er sich in den Sattel und ritt die Straße ... hinunter. Auf dem Birkenbühl hielt er noch einmal Rast und winkte. ‚Parzifal', schrie Inge, ‚Parzifal!' – ‚Deutschland', kam's zurück und dann war der Reiter im Wald verschwunden."*

Kunigundens Fuß

1189 brennt der von Kaiser Heinrich gestiftete Dom nach einem Blitzschlag nieder. Der Heiligsprechung Kunigundens im Jahr 1200, aber auch dem veränderten Frauenbild des 13. Jahrhunderts ist es zu verdanken, dass der Neubau nun nicht mehr in ausschließliche Verbindung mit dem Kaiser gebracht wird, sondern dass enger Be-

Bild links: Reliquiaröffnung im Ostchor des Domes
Bild rechts: Maßeinheiten an der Marienpforte. Rechts der Fuß

zug zur Kaiserin hergestellt wird. So wird der gesamte Ostchor der Kathedrale der **hl. Kunigunde** gewidmet. Es wurde ein Büstenreliquiar mit dem Haupt der hochverehrten Kaiserin aufgestellt und durch ein Loch im Mauerwerk strahlte ihr Segensreichtum über die ganze Stadt. Der Ostchor wurde als „St. Kunigundens Werk" bezeichnet und die Bamberger Dombauhütte trug bis zur Säkularisation im August 1802 – der bayerische Kurfürst Max IV. Joseph wollte den Reichsdeputationhauptschluss vom 15. Februar 1803, den offiziellen Beginn der Säkularisation, nicht abwarten – die Bezeichnung „Kunigunden-Werkamt". So mag es auch nicht verwundern, dass an eben diesem Ostchor Elle und Fuß, die Baumaße der Kathedrale, angebracht sind. Der eingeritzte Umriss des Fußes wird als Abdruck des Kunigundenfußes angesehen und misst 26,8 cm. Die Länge des Domes beträgt 369 Fuß (= 98 Meter). 369 ist eine Zahl der Vollkommenheit, beinhaltet sie doch ausschließlich die göttliche Drei(faltigkeit).

Die heilige Elisabeth

In vielfältiger Verbindung mit Bamberg steht die **hl. Elisabeth von Thüringen.** Sie war die Nichte des Bamberger Bischofs Ekbert von Andechs-Meranien und wurde 1207 als Tochter der Gertrud von Andechs-Meranien und dem ungarischen König Andreas II. geboren. Der Überlieferung nach wurde sie als vierjähriges Mädchen auf die Wartburg an den thüringischen Hof gebracht und mit dem wenig älteren Landgrafen Ludwig IV. verlobt. Als sie 1221 das kirchenrechtlich vorgeschriebene Alter erreicht hatte, heiratete das Paar.

Bereich des ehemaligen Elisabethenspitals mit zugehöriger Kirche (heute Justizvollzugsanstalt)

Die sehr glückliche Ehe, der drei Kinder entsprangen, dauerte nicht lange. Landgraf Ludwig starb 1227 auf einem Kreuzzug nach Jerusalem in Otranto. Nach dem Tod ihres Mannes sagte sich Elisabeth von der Welt los, doch sie wählte dafür einen ungewöhnlichen Weg. Sie ging nicht ins Kloster, sondern wandte sich den Kranken zu und verschenkte ihr gesamtes Vermögen. So geriet sie in Konflikt mit ihren Schwägern und floh mit Hilfe ihrer Tante Mechthild, Äbtissin im Kloster Kitzingen, von der Wartburg. Nach kurzem Aufenthalt im Kloster fand sie Schutz bei ihrem Onkel, Bischof Ekbert von Bamberg, der sie allerdings wieder verheiraten wollte. Während ihres Aufenthalts in Bamberg Ende 1227 wohnte sie im Meranierhof am Domberg. Nach ihrer Heiligsprechung 1235 wird ihr zu Ehren hier eine Kapelle eingerichtet, welcher der Hof den heutigen Namen „Elisabethenkurie" verdankt.

Der Wiederverheiratung widersetzte sich Elisabeth erfolgreich; deswegen wurde sie von ihrem Onkel auf der Burg Pottenstein mehr oder weniger in Beugehaft genommen. Als die thüringischen Kreuzfahrer Ende April/Anfang Mai 1228 bei ihrer Rückkehr den Weg über Bamberg wählten und Ludwigs Gebeine mitbrachten, nahm Elisabeth diese in Empfang.

Der Sarg wurde in den Dom gebracht und vor Elisabeth geöffnet. Sie sprach: *„Herr, ... mir ist nicht leid, dass er sich dir geopfert hat, obgleich ich ihn lieb habe aus meinem ganzen Herzen. ... Wenn Deine Gnade ihn mir gelassen hätte, so nähme ich ihn um alles in der Welt und sollte ich mit ihm von Haus zu Haus bis an meinen Tod betteln gehen ...!“* (Karin Dengler-Schreiber, Spuren der Andechs-Meranier in Bamberg, 1998)

Elisabeth durfte den toten Gatten nach Thüringen begleiten, nachdem die Thüringer versprochen hatten, Elisabeth ihr Witwengut auszuzahlen, das man ihr bislang vorenthalten hatte. Doch die Situation besserte sich nicht. Auf Anraten ihres Beichtvaters Konrad verlässt sie die Wartburg endgültig und geht nach Marburg. Dort gründete sie ein Spital und starb 1231 im Alter von 24 Jahren. Schon 1235 wurde sie heilig gesprochen.

Elisabeth wurde aufgrund ihrer Mildtätigkeit und Fürsorge für Kranke und Arme zur Spitalpatronin. 1328 wird in Bamberg durch die Familie Eseler im Sandgebiet an der Regnitz ein bürgerliches Spital gegründet. Es führt zunächst den Namen „Zum Heiligen Geist“, doch kurz nach 1400 wird es in „Spital zu St. Elisabeth“ umbenannt. Damit gedachte man in besonderer Weise der wohltätigen Heiligen, die sehr enge Verbindung mit Bamberg hat. Die Weihe der Spitalkirche wird seit 1950 alljährlich mit dem größten oberfränkischen Volksfest begangen, der „Sandkerwa“. Tausende von „Pilgern“ ziehen in die Stadt, denen jedoch der fromme Anlass meist unbekannt ist. Die Bierzelte und Vergnügungsstätten sind überfüllt. Die kleine Elisabethenkirche jedoch bleibt leer. Dennoch ist festzuhalten, dass Bamberg die größte Kirchweih einer Frau verdankt.

Elisabeth war dreifache Mutter, und so wurde sie besonders bei Geburtsproblemen als Retterin in der Not angesehen. Schon im 13. Jahrhundert trugen sich an ihrem Grab vermeintliche Wunder zu. In einem Mirakelbericht (Gesta Richeri, Monumenta Germaniae) liest man, dass eine Kreißende, deren Kind nicht kommen wollte, zum Grab der hl. Elisabeth gebracht wurde. Die Sterbende bat um den Kaiserschnitt, um das Kind zu retten. Nach dem Schnitt wickelten die Hebammen der nun vermeintlich toten Frau den Leib für die Beisetzung eng mit Binden. Dadurch schloss sich die Wunde und am nächsten Morgen fand man die Frau lebend vor. Nach wenigen Wochen konnten Mutter und Kind gesund nach Hause zurückkehren.

Besondere Verehrung fand das so genannte Glas der hl. Elisabeth. Es befand sich im Besitz des Hauses Brandenburg und wurde auf Anforderung zum Zweck der Geburtshilfe an Mitglieder anderer Adelshäuser verschickt. Es diente der Milderung der Geburtsängste und *„zur Erlangung glückseeliger, schneller Geburt.“* Nach glücklicher Entbindung wurde das Glas mit Wein gefüllt und anderen schwangeren Frauen zum Trinken gereicht. Anna von Sachsen, Gemahlin des Markgrafen Albrecht Achilles von Brandenburg, forderte das Glas dreimal an, so auch zur Geburt ihrer Tochter Dorothea, die nach Auflösung ihrer Verlobung mit dem zukünf-tigen Kaiser Maximilian I. ins Bamberger Klarissenkloster eintrat.

(Vgl. Dorothea von Brandenburg, S. 56)

Die Elisabethenkurie auf dem Domberg

Gleiche Wirkung sprach man dem so genannten Hemd der hl. Elisabeth zu, das im Kloster Altenberg aufbewahrt wurde, in dem Elisabeths Tochter Gertrud Äbtissin war. So wird im 17. Jahrhundert Folgendes berichtet: *„So balt eine ins kindtbett kombt undt nidt gebären kann, ist gemeiner gebrauch auch bey den Uncatholischen, daß sie umb dießeß St. Elisabethae hempt pitten, sobaldt die dießeß angethan haben, werden sie der geburt oder deß schmertzenß durch abscheydung ... entledigt.“* Auch gegen Unfruchtbarkeit soll dieses Hemd geholfen haben.

Mönche und Nonnen der Regel des hl. Dominikus siedeln in der Stadt. Die Klarissen beziehen ihr Kloster am Zinkenwörth. 1348/49 wütet die Pest. Zu einer Judenverfolgung gleichen Ausmaßes wie in anderen Städten kommt es nicht. Dennoch ist es eine dunkle Zeit und die Bevölkerung sucht Rettung ihres Seelenheils in mildtätigen Stiftungen und frommem Leben. Es entsteht die Pfarrkirche der bürgerlichen Bergstadt, die Obere Pfarre. Im Frauenkloster St. Theodor auf dem Kaulberg wird ein sehenswerter Kreuzgang errichtet. Bischof Friedrich von Hohenlohe stirbt 1352. Seine Grabplatte im Dom gehört zu den schönsten gotischen Kunstwerken Süddeutschlands.

Katharina Zollner und die Gründung des Klarissenklosters

Das 14. Jahrhundert war geprägt von Seuchen und Hungersnöten. All das Übel sah man als Strafe Gottes an, der seinem Zorn über die Verfehlungen der Menschen auf Erden Luft machte. Einzigen Ausweg, dem göttlichen Gericht zu entgehen, sah man in einem gottgefälligen Leben und milden Stiftungen, falls man sich diese leisten konnte. So treten 1340 zwei Bamberger Patrizierfrauen als großzügige Klostergründerinnen auf. Die erst fünfzehnjährige Vollwaise Katharina Zollner und ihre Tante Kunegundis Hutwan gründen das Klarissenkloster

St. Clara auf dem Zinkenwörth außerhalb der Stadtmauern (heute Direktion für Ländliche Entwicklung).

Das Stiftungsvermögen stammte von Katharina Zollner. Die beiden Stifterinnen und drei Cousinen traten ins Kloster ein. Erste Äbtissin wurde die Nürnberger Klarissin Jutta Ebner, die weitere acht Schwestern aus der Reichsstadt mitbrachte. Jutta war eine Schwester der bedeutenden Mystikerin Christina Ebner, Dominikanerin im Kloster Engelthal. Jutta starb bereits 1342. Nun wird die erst 17-jährige Katharina Zollner Äbtissin des Bamberger Konvents. Zu diesem Zeitpunkt zählte das Kloster schon 24 Nonnen, deren Namen sich wie das „Who is who" des damaligen fränkischen Adels lesen. Katharina Zollner blieb bis an ihr Lebensende Äbtissin. Sie starb 1375 und erhielt ein Hochgrab mit einer Tumbaplatte, die sie als Stifterin zeigt. Sie fand ihre letzte Ruhe mit der Gewissheit auf Erlösung aus der ewigen Verdammnis. Die Grabplatte befindet sich heute im Historischen Museum.

Grabplatte der Katharina Zollner heute im Historischen Museum

Schwesternhäuser

Eine Möglichkeit, sich ein „Seelgerät" zu schaffen, war die Gründung eines Klosters. Eine andere Möglichkeit, dem Höllenfeuer zu entgehen, war die Stiftung von Schwesternhäusern. Gerade im 14. Jahrhundert werden – über die ganze Stadt verteilt – Häuser gestiftet, die der Aufnahme obdachloser, verarmter und gefallener Frauen dienen sollten. Stifterinnen dieser karitativen Einrichtungen sind nicht selten Frauen aus Patrizierfamilien, die anderen Frauen eine Lebensperspektive geben wollten. Exemplarisch seien einige dieser Schwesternhäuser genannt: Das **Marthaschwestern-** oder **Eckenschwesternhaus** stand am Maxplatz hinter dem Eckenbüttner. Das Haus diente obdachlosen Frauen und war als Bürgerstiftung 1319 gegründet worden. Bis 1903 erfüllte das Gebäude seinen Stiftungszweck, dann wurde es 1906 abgerissen. Heute erinnert nur der schmale

Der „Nonnengang" zwischen Maxplatz 2 und 6

„Nonnengang" neben dem Haus Maxplatz 2 an seine Existenz. Die Patronin des Hauses, die hl. Martha, war die Schwester des Lazarus. Wenn Jesus ihren Bruder besuchte, dann sorgte sie für das leibliche Wohl des Gastes. So wurde sie zur Schutzpatronin der Hausfrauen und wird gerne mit einem dicken Schlüsselbund als Zeichen der Haushalterschaft und mit einem Kochlöffel als Zeichen des Küchenregiments gezeigt.
Das **Langheimer Schwesternhaus** befand sich in der Herrenstraße 6/8. Es wurde von Adelheid von Würzburg im März 1344 für 5 Jungfrauen gegründet und hatte bis 1803 Bestand. Das Haus Obere Mühlbrücke 13 mit seinen Nebengebäuden war im 15. Jahrhundert im Besitz einer Frau Engel und bekam somit den Namen **„Der Jungfrau Engel Häuser"**. Sie vermachte es *„etlichen Jungfrauen, die damals in den Häuslein in jungfräulicher Weise gewohnt"*. Nach dem Tod der letzten Schwester fiel der Besitz laut testamentarischer Verfügung an die Obere Pfarre und wurde fortan nicht mehr als Schwesternhaus genutzt. **Weitere Schwesternhäuser** befanden sich in der Kleberstraße, im Hinteren Bach, im Sandbad und am Sonnenplätzchen.

Der Riegelhof

Um die Mitte des 14. Jahrhunderts siedelten sich nahe des Judenviertels in der heutigen Concordiastraße Frauen der 3. Regel des hl. Franziskus, so genannte Tertiarinnen an. Ihre Lebensart ist den Beginen vergleichbar und nicht selten ist aus einer Beginenniederlassung eine Niederlassung der **Tertiarinnen** hervorgegangen. „Beginen" ist eine Kurzform der Ketzerbezeichnung „Albigenses". Ein Großteil der Albigenser (ca. 40%) waren Frauen, die unkonventionell mit den Männern durchs Land zogen. Diese „verirrten Seelen“ wurden in kirchliche Gemeinschaftshäuser aufgenommen, geläutert und widmeten sich dann gottgefälligen Werken. Aus diesen Anfängen entwickelten sich Zusammenschlüsse von karitativ tätigen Frauen, die entweder unverheiratet geblieben oder verwitwet waren. Die Aufnahme erfolgte erst mit Vollendung des 14. Lebensjahres. Es gab keine Klausur. Jederzeit also konnten die Tertiarinnen das Haus oder auch die Frauenverbindung insgesamt verlassen. Es gab keine Ordenstracht und keine Gelübde. Zu den Pflichten gehörte jedoch der Verzicht auf Luxus, auf Tanz und andere Vergnügungen, das Einhalten der Fasttage und das Sprechen des regelmäßigen Tischgebets. Der kirchlichen Obrigkeit war ein solch lockerer Zusammenschluss von Frauen, auch wenn es „gottgefällige Jungfrauen“ waren, suspekt, weil nicht kontrollierbar. Lieber sah man das weibliche Geschlecht hinter Klostermauern in strenger Klausur. Ein Zitat aus dem 8. Jahrhundert (!) belegt die Problematik: „*Eine ehrlose Mode hat sich in diesen Zeiten breitgemacht. So manche Weiber machen nach ihres Mannes Tod, der ehemännischen Gewalt entledigt, ihre Freiheit sich hemmungslos zunutze. In den vier Wänden ihres Hauses legen sie Nonnentracht an ... und so, unter dem Deckmantel der Religion legen sie alle*

Der Riegelhof in der Concordiastraße

Scheu ab und gehen allem umso freier nach, was ihr Herz erfreut. Denn nun stürzen sie sich in Vergnügungen, jagen sich Wein durch die Kehle, besuchen häufig Bäder und betreiben unter Mißbrauch ihres Standes Üppigkeit und Kleiderluxus ... und kurz gesagt: sie lockern ihrer Seele Zügel für jedwede Unzucht ... und wenn der Leib nicht schwillt, kann man es nicht einmal leicht nachweisen.
Solch fluchwürdige Pest verdammen wir und setzen fest: ist jemand mit einer solchen Person, einer Ledigen oder einer Witwe, die den heiligen Schleier anlegt, verwandt und bringt sie nicht spätestens bis Jahresfrist in einem Kloster unter und wird sie deshalb vom Laster der Unzucht betroffen, so muß jener sein Wergeld (Bußgeld) *an die Pfalz erlegen."*
Die Tertiarinnen in Bamberg hatten es innerhalb von 50 Jahren geschafft, einen gesamten Häuserblock in ihren Besitz zu bringen. Der „Regelhof", benannt nach den Frauen der 3. Regel des hl. Franziskus, wurde 1566 aufgelöst und die Immobilie ging an das Hochstift Bamberg über, das hier ein Hofdienerspital einrichtete. Heute erinnert nur noch der Straßenname „Riegelhofgasse" an die Existenz des Regelhofs.

Die Anmut der „Königin von Saba"

Im Westchor des Bamberger Domes befindet sich ein prachtvolles Chorgestühl. Es entstand um 1390 und wird dem Einfluss der berühmten Architekten- und Bildhauerdynastie der Parler zugeschrieben, die in Franken, ja sogar in Bamberg allenthalben nachzuweisen

Die „Königin von Saba“ am Westchorgestühl des Domes um 1390

ist. Dass die Parler auch Chorgestühle entworfen haben, ist durch das leider verlorene des Prager Domes und das von St. Sebald in Nürnberg nachgewiesen. Das Bamberger Gestühl hat die Domveränderungen der Barockzeit und des 19. Jahrhunderts weitgehend unbeschadet überstanden. Die Domkanoniker waren verpflichtet, täglich das Stundengebet im Chor zu verrichten. Die dafür vorgesehenen Sitzreihen entwickelten sich in der Gotik zu kunstvoll verzierten Chorstühlen. Sie setzen sich zusammen aus einer Rückwand, Armlehnen und einem aufklappbaren Sitzbrett, das – wie üblich – an der Unterseite eine kleine Stehhilfe hatte. Diese Stütze wird deshalb „Misericordia“ (Mitleid) genannt. Sechs vollplastisch geschnitzte Figuren verzieren die unteren Sitzreihen. Eine davon zeigt uns eine junge, wunderschöne sitzende Frau mit zwei langen Zöpfen, die über ihren Rücken hängen. Sie wird gemeinhin als **„Königin von Saba“** bezeichnet, meint jedoch wohl eher Bathseba, denn die Figur auf der jenseitigen Sitzreihe zeigt eindeutig ihren Gemahl König David mit seiner Harfe. Die Königin von Saba würde als Gegenüber Salomon verlangen.

Wen auch immer diese schöne Gestalt jedoch darstellt, ihre Reize haben offensichtlich die Phantasie zumindest eines Domherren sehr angeregt. Im Jahr 1452 schreibt der Bamberger Domherr und große Humanist Albrecht von Eyb das Traktat „Von der Anmut des Mägdeleins Barbara". „*... An einem Maientage Anno Domini 1452, da habe ich einmal, im Hohen Dom zu Bamberg sitzend, die lieben langen Stunden ... mit innigem Behagen in liebender Betrachtung eines über die Maßen hübschen Mägdeleins zugebracht.*
... Die Augen waren nur mit dem Glanz zweier Himmelslichter zu vergleichen, aber ihre herrlichen Zwillingssterne verschwendeten sich nicht in unstetem Wandern und Schweifen, die Blicke blieben vielmehr gezügelt und ließen ein zuchtvolles Gemüt erkennen.
... Das heitere, milchfarbene Gesicht mit den rosigen Wangen konnte jeden Betrachter zu leidenschaftlich gierigen Küssen verlocken. ... Darunter beginnt des Halses Säule, weiß wie Kristall erglänzend und von verschwenderisch zarter, milchweißer Haut umhüllt. Die Schulterblätter des herrlich gewachsenen Mädchens zeichneten sich nur ganz wenig ab und ließen den Rücken flach, an dessen Ende sich zwei schlanke liebliche Rundungen leicht hervordrängten. Die ebenmäßigen Arme verhießen die minneseligsten Umarmungen. Und warum soll ich es nicht sagen? Auf des Mägdeleins schöner breiter Brust hatte die Natur meisterlich zwei schwellende Hügel gebildet. Weiter hinunterzusteigen, ist verwehrt, aber nahe liegt ein Ort unaussprechlicher Freuden, und unaussprechliche Wünsche gehen dorthin.
... Wer, beim Herkules, ersehnte nicht eher den Tod als das Leben, der aus ihrer Umarmung weggerissen wird?"

Die Hussiten ziehen in Bamberg ein. Domkapitel und Bevölkerung fliehen. Es kommt zu Plünderungen. In den so genannten „Immunitätsstreitigkeiten" legen sich die Bürger mit dem Bischof an und verlieren den Machtkampf. Mitten in der Regnitz entsteht das malerischste Rathaus Deutschlands. Albrecht Pfister gründet in Bamberg die zweite Buchdruckerei Deutschlands. Albrecht von Eyb, Domherr zu Bamberg, einer der großen Humanisten seiner Zeit, lebt und arbeitet in der Stadt.

Die gekreuzigte Königstochter

In der Dominikanerkirche sieht man ein großes Wandgemälde aus dem frühen 15. Jahrhundert, das eine fremdartige Darstellung zeigt. An einem großen Kreuz, über das sich ein Bogen spannt, hängt die vollständig bekleidete Figur von Christus. Nur zu ahnen ist, dass ihm der Schuh vom rechten Fuß gerutscht ist. Vor ihm kniet ein Geiger. Es ist eine Nachahmung des berühmten Kruzifixes „Volto Santo" im Dom zu Lucca, dessen Antlitz angeblich vom hl. Nikodemus nach dem Abdruck auf dem Schweißtuch geschnitzt worden ist. Dieses Gnadenbild wurde einmal im Jahr von den Luccheser Seidenhändlern prächtig eingekleidet und erhielt auch schöne Schuhe. 1282 spielte ein Geiger vor dem Kruzifix, und in diesem Moment rutschte der Schuh vom Fuß. Sofort wurde der Geiger gefangengenommen, weil man glaubte, er wolle ihn stehlen. Man steckte den Schuh wieder auf den Fuß, doch erneut rutschte er herab, was dem Geiger das Leben rettete. Von nun an stellte man einen Kelch unter den Fuß, um den Schuh zu fixieren.

Das „Volto Santo“ (Heiliges Antlitz) in der Dominikanerkirche

Dieses Gnadenbild wurde Pilgern aus der ganzen Welt bekannt und verbreitete sich über Europa. Nördlich der Alpen jedoch wurde es öfters missverstanden, denn ein bekleideter Christus sah fremd aus, und so entstand aus dem Volto Santo die **hl. Kümmernis** (Wilgefortis): Einer sizilianischen **Königstochter** des 7. Jahrhunderts erschien Maria und bekehrte die Heidin zum Christenglauben. Die junge Frau gelobte Maria ewige Keuschheit. Als ein heidnischer König aus Portugal um sie warb, verweigerte sie sich ihm, und es erschien ihr zur Bestärkung ihres Glaubens nochmals Maria mit 5 Jungfrauen (Katharina, Barbara, Margaretha, Carina (= Christina) und Elisabeth), so dass sie den Mut fand, vor ihren Vater zu treten und zu gestehen, dass sie Christin sei. Der Vater ließ sie foltern, doch sie blieb stark im Glauben. Daraufhin ließ er sie einkerkern. Die Gepeinigte rief Maria an und bat sie, ihr Aussehen so zu verändern, dass kein Mann sie mehr begehre, aber Gott doch Gefallen an ihr habe. Maria verlieh ihr das Aussehen ihres eigenen Sohnes und es wuchsen ihr Haar und Bart. Daraufhin beschloss der Vater, dass sie sterben solle wie Christus und ließ sie kreuzigen. Allerdings ließ er Milde walten. Seine Tochter wurde nur ans Kreuz gebunden und nicht genagelt. Einem Geiger, der zur Erleichterung ihrer Leiden spielte, schenkte sie vom Kreuz aus ihren goldenen Schuh. Kümmernis, wie man das legendäre Mädchen nannte, wurde 1403 heilig gesprochen. 1583 erscheint sie auf Anweisung von Papst Gregor XIII. unter dem Namen hl. Wilgefortis im offiziellen Römischen Martyrologium. Daraufhin verbreitete sich der Kult rasch, besonders gefördert durch die Jesuiten.

Die Brautpforte der Oberen Pfarre und ihre Jungfrauen

Die Brautpforte der Oberen Pfarre

Die Pfarrkirche „Zu Unserer Lieben Frau“ am Kaulberg, im Volksmund „Obere Pfarre“ genannt, zeigt an ihrer Nordseite ein prächtiges Stufenportal. Im Gewände dieses Portals stehen sich **Die Klugen und die Törichten Jungfrauen** gegenüber und kennzeichnen dieses Portal als Brautpforte.

Im frühen Mittelalter waren Frauen rechtlich „handlungsunfähig“. Sie konnten weder vor Gericht auftreten, noch ihr Vermögen selbst verwalten, und auch im Erbrecht waren sie benachteiligt. Bei der Heirat hatte die Frau ebenfalls kein Mitspracherecht. Vielmehr wurde die Ehe zwischen dem Vormund der Frau und dem Bräutigam – nicht selten gegen den Willen der Braut – vereinbart. Die Trauung fand im Kreise der Verwandten statt, meist mit Gelage. Es folgte die Heimführung der Frau und die Beschreitung des Ehebetts vor Zeugen. Am nächsten Morgen besiegelte die „Morgengabe“ die Rechtmäßigkeit der Ehe. Die frühe Kirche beurteilte die Ehe und besonders auch die Ehefrauen minderwertig. Sie befand sich im Zwiespalt, denn im damaligen Denken galt die Ehe als Sündenstand. In der Ewigkeit, so stellten Theologen des 10. Jahrhunderts fest, brauche man keine Ehen und vor allem keine Vermehrung mehr, da die Zahl der Gerechten bereits erfüllt sei. Deshalb sah man Jungfräulichkeit und Ehelosigkeit als Ideal an. Wenn sie jedoch heiratete, dann war die Frau dem Mann untertan, so hatte es Paulus in den Epheserbriefen geschrieben. Außerdem war Eva doch nur (!) aus einer Rippe Adams erschaffen worden, und sie war als Erste dem Teufel verfallen. Das Grundübel also liegt in der Frau!

Hochzeit vor dem Kirchenportal
Detail vom Taufstein der Oberen Pfarre

Diese Einstellung ändert sich im 12. Jahrhundert. So schreibt um 1150 Petrus Lombardus, Bischof von Paris, dass Gott die Frau nicht aus dem Kopf Adams geschaffen habe, als ob sie seine Herrin wäre und auch nicht aus dem Fuß, damit sie seine Dienerin sei, sondern aus der Rippe, damit sie ihm als Gefährtin zur Seite stehe. Auch die Ehe kommt jetzt zu größerem Ansehen, wobei man nun die christliche Eheschließung in deutlichem

Kontrast zum oben geschilderten Zustand sieht. Grundsatz ist der freie Entschluss beider Ehepartner. Am deutlichsten kommt dieser Grundsatz darin zum Ausdruck, dass sich die Eheleute das Sakrament der Ehe selbst spenden. Prinzip der christlichen Heirat ist die Einehe, die Unauflöslichkeit und das Verbot des Inzestes. Dies wiederum verlangt die Öffentlichkeit der Eheschließung unter Zeugen. Das 4. Lateranische Konzil von 1215 machte dann die priesterliche Segnung und Zeugenschaft bei der Eheschließung zur Pflicht. Die Ehe müsse „in facie ecclesiae", d.h. vor dem Angesicht der Kirche, geschlossen werden. Die Trauung fand von nun an vor der Kirchentür in Gegenwart von Laienzeugen und einem Priester statt.

Die Pfarrkirchen erhielten daraufhin häufig besonders ausgestattete Ehepforten oder Brautportale, die nicht selten mit dem Gleichnis der Klugen und der Törichten Jungfrauen verziert sind. Zu lesen ist die Geschichte der zehn Jungfrauen bei Matthäus 25, 1-13: Zehn junge Frauen nahmen ihre Lampen und zogen dem Bräutigam entgegen. Fünf waren klug und nahmen Öl für ihre Lampen mit. Als der Bräutigam auf sich warten ließ, nickten alle ein und schliefen. Um Mitternacht wurden sie geweckt und machten ihre Lampen zurecht. Die Törichten sprachen zu den Klugen: „Gebt uns von eurem Öl!" Doch die Klugen schickten sie weg, Öl zu kaufen. Währenddessen kam der Bräutigam und die Klugen zogen mit ihm in den Brautsaal. Die Tore schlossen sich. Als die törichten Jungfrauen zurückkamen wurden sie nicht mehr eingelassen. *„Wachet also, denn ihr kennt nicht den Tag noch die Stunde."*

Die Stellung der Ehefrauen blieb bis in die Neuzeit immer geschwächt. So bestimmt die berühmte „Bamberger Halsgerichtsordnung" (1507) bei Ehebruch, dass ein

Mann seine Frau, wenn er sie auf frischer Tat ertappt, ohne Strafe töten darf, wenn die Tat im Affekt geschieht. Für die Ehefrau galt diese Regelung nicht!

Das Frauenhaus und die freie Liebe

Nur der Name „Frauenstraße" erinnert heute noch an das *„Frauenhaus gemeiner Stadt Bamberg"*. An der Stelle der heutigen Hausnummer 31 stand das städtische Bordell, das neben vielen anderen privaten Etablissements dieser Art dem ältesten Gewerbe der Welt eine Heimstatt bot. 1456 war das Anwesen, das einem stadtbekannten Bader gehörte, von der Stadt erworben worden, um hier das neue **„Frauenhaus"** zu errichten. Der Betrieb im alten Gebäude, das sich in der Unteren Sandstraße (Haus zum Pelikan) zu Füßen des Domberges befand, wurde eingestellt. Bis 1568 wachte nun der städtische Frauenwirt in der Frauenstraße über die Dirnen, dann wurde auch dieses Freudenhaus geschlossen, denn im Zuge der Gegenreformation hatte die Kirche strengere sittliche Forderungen erhoben. Vielleicht war das auch nötig, denn oft wird behauptet, dass besonders in Städten mit viel Klerus dieses Gewerbe immer ein gutes Auskommen habe. Als sich Papst Gregor XI. auf Drängen von Petrarca oder so frommer Damen wie Brigitta von Schweden und Katharina von Siena 1376 anschickte, Avignon zu verlassen, soll er gesagt haben: *„Als wir vor 70 Jahren nach Avignon kamen, gab es vier Freudenhäuser in der Stadt: am Nordtor, am Südtor, am Osttor und am Westtor. Eines zumindest haben wir erreicht: Heute gibt es nur noch ein*

einziges Bordell – das allerdings erstreckt sich vom Nord- bis zum Südtor." Ob das für Bamberg ebenfalls in besonderem Maße zutraf, sei dahingestellt, aber doch wohl nicht ohne Grund werden in den so genannten Dunkelmännerbriefen folgende Charakteristika für verschiedene Länder und Städte benannt: für Polen die Diebe, für Nürnberg die Künstler, für Pommern die Schweine, für Prag die Juden und für Bamberg die Huren. Die Dunkelmännerbriefe wurden 1515 in grausigstem Küchenlatein als Spottschrift gegen die Dominikaner geschrieben. Mitverfasser ist Ulrich von Hutten (1488–1523), Ritter, Humanist und Rebell aus der Rhön, der selbst einen sehr lockeren Lebenswandel führte und an Syphilis erkrankt war. 13 Quecksilberkuren hat er über sich ergehen lassen, ohne geheilt zu werden. Im Gegensatz zu drei anderen Männern, die die Behandlung mit ihm gemeinsam über sich ergehen ließen, überlebte Ulrich von Hutten immerhin die Torturen. Seine Kur durch das Wundermittel Guajakholz fand per Flugblatt deutschlandweite Verbreitung. Der Titel des Flugblattes lautete: *Ulrich von Hutten eines teutschen Ritters von der wunderbarlichen Artzney des holtz Guaiacum genannt und wie man die Frantzosen oder Blattern damit heilen soll.* Ulrich von Hutten starb dennoch.
Die Dirnen nannte man „Rosen", denn sie trugen als Erkennungsmerkmal rote Kopfbedeckungen. In „Rose" steckt außerdem das Wort „Eros". Sie hatten ihren Standplatz in einer Gasse nahe dem Bordell, die heute noch Rosengasse heißt. Wind und Wetter ausgesetzt warteten die Mädchen hier auf ihre Freier. Ein trockener Standplatz war heiß umkämpft. Ein solcher war der erste Pfeiler bei der Eingangstür der nahen Pfarrkirche St. Martin. Die Sitten waren locker, die moralische Einstellung eine andere als heute, und so wurde das Warten

auf Freier in der Kirche geduldet.
Die Dirnen unterstanden seit dem 15. Jahrhundert dem so genannten Frauenwirt, der gewisse Auflagen der Stadt zu erfüllen hatte. So musste er darauf achten, dass kein Mann bei den Dirnen übernachtete. Das Glücksspiel war im Frauenhaus verboten. Vorher hatte der Scharfrichter die Aufsicht, dem nun seine Aufgabe und sein Zubrot entzogen waren. Deshalb hat man ihm in Bamberg das Gehalt erhöht, damit er *„fürderhin nicht mehr nötig habe, Weiber zu halten."*

Frauenstraße 31
Hier befand sich bis 1568 das städtische Bordell

Die Prostituierten gingen ihrem Gewerbe professionell nach und wussten sich zu helfen, wenn trotz Vorsichtsmaßnahmen eine ungewollte Schwangerschaft auftrat. Die Kirche hatte zwar das Abtreiben eines beseelten Fötus verboten. Als beseelt sah man den männlichen Fötus nach 40 Tagen und den weiblichen nach 80 Tagen an. Einheitlich niedergelegt wurde dieses Verbot dann in der Constitutio Criminalis Carolina Kaiser Karls V. (1532): *„So jemand einem Weibsbild durch Bezwang, essen oder drinken eyn lebendig Kind abtreibt, wer auch Mann oder Weib unfruchtbar macht ... soll der Mann mit dem Schwert als ein Totschläger, und die Frau, so sie es auch an ihr selbst täte, ertrenckt oder* *sonst zum Todt gestraft werden.*" Dennoch blühte der Handel mit Abtreibungsmitteln, in den auch Hebammen, Kräuterhexen, Quacksalber und Totengräber eingebunden waren. Dirnen, die vor Gericht gezwungen wurden, gaben freimütig zu, Abortativa von Totengräbern erhalten zu haben. Wenig verwunderlich, denn der Sadebaum (wacholderartiges Nadelgehölz, auch Mägdebaum oder Jungfernpalme), das bekannteste und effizienteste Abtreibungsmittel bis in die Neuzeit, wird vorzugsweise auf Friedhöfen gepflanzt. Die Anwendung von Sadebaumabkochungen war besonders bei den Huren mehr oder weniger an der Tagesordnung. So liest man in einem Reisebericht eines Professors aus Göttingen im 18. Jahrhundert: „*Wenn ich ... aufs Land reiste und an einem Dorfgarten vorbei kam, in welchem ich einen Sadebaum sah, so wußte ich aus vielen Fällen, wo meine Vermutung eingetroffen war, schon, dass der Garten dem Barbierer oder der Hebamme des Dorfes gehöre.*"

Freie Liebe war Gesprächsthema, selbst in unerwartetem Umfeld, wie eine so genannte „Schandrede" des bereits zitierten Bamberger Domherren und Humanisten Albrecht von Eyb beweist. Er verfasste 1452 diese „Rede der Bamberger Frauen":

... Wir Streitgenossinnen, nämlich die ganze Versammlung der in den städtischen Listen geführten Frauen und Mädchen innerhalb und außerhalb der Mauern Bambergs, die Alten wie die Jungen, sind deshalb vor Euch, dem öffentlichen Notar erschienen, willens und in der Absicht, Berufung einzulegen. Wir erklären also, bringen vor und legen dar: Der griechische Kaiser Heliogabalus hat einst ein glorreiches und sowohl für die Volksvermehrung wie für die Sicherung der Lebensfreude wichtiges Gesetz ... verkündet, das Gesetz der freien Liebe. Er hat die ...

Frauen, besonders die gut gewachsenen unter ihnen, in der angenehmsten Art überredet, sich dieser herrlichen ... Kunst zu ergeben ... sich auf Antrag keinem zu versagen, allen Männern willfährig zu begegnen, ... auch außerhalb der eignen Häußlichkeit eifrig nach Beute zu streifen, die Männer nicht erst zu fragen, sondern zu zwingen, nötigenfalls mit roher Gewalt, Hand an sie zu legen und sie wie ein Stücklein Vieh mitzuschleppen, Männer von gleicher Moral zu finden, sich mit solchen Gesinnungsgenossen nach Belieben zu vereinigen und wieder zu trennen, wodurch Zänkereien, Zwietracht und Streit, wie sie häufig aus der Verschiedenheit und Unvereinbarkeit unter Eheleuten zu entbrennen pflegen, nach menschlicher Voraussicht aufhören würden ... Diese heeren Gesetze, herrlichen Ansichten und hochvernünftigen Ermahnungen des Kaisers Heliogabalus haben wir Streitgenossinnen, die vorgenannten Frauen und Mädchen mit kindlichem Gehorsam in allen Stücken eingehalten, ihnen gemäß gelebt und der Natur gehorcht. Trotzdem haben sich die Beamten, Bürger und ihr Anhang in der vorgenannten Stadt Bamberg gegen uns erhoben. ...
Da wir uns hiedurch vielfältig beschwert fühlen und fürchten müssen, künftig noch mehr beschwert zu werden, legen wir Berufung ein zum ersten, zum zweiten und zum dritten Mal. Wir appellieren dringend, dringendster, am dringendsten. Indem wir beantragen, es möge uns durch Euch, dem gegenwärtigen öffentlichen Notar wenigstens ein urkundliches Zeugnis über unsere Berufung ausgestellt werden. Wir beantragen, daß durch Euch, den hier gegenwärtigen öffentlichen Notar in dieser Berufungssache alles nötige erledigt und eine Urkunde

ausgestellt werde, wobei wir uns ausdrücklich vorbehalten, Zusätze, Streichungen, Berichtigungen anzubringen, einen anderen Berufungsschriftsatz oder nötigenfalls deren mehrere einzureichen und uns aller möglichen sonstigen Rechtsbehelfe zu bedienen.

Gegeben zu Bamberg, Anno 1452

Agnes Schwanfelder und die Erstüberlieferung des „Götz-Zitats"

Agnes Schwanfelder besaß im 15. Jahrhundert mit ihrem Mann das Haus „Zum Roten Löwen" an der Lugbank. Ihrem vehementen verbalen Einsatz gegen einen Stiftsherren von St. Gangolf verdankt sie, dass eine Straße nach ihr benannt wurde. Erstaunlich, wenn man weiß, dass nur 10 % aller Straßennamen in Deutschland nach Frauen benannt sind. Agnes Schwanfelder war eine Gärtnersfrau und das, was man in Franken als „Schwertgoschn" bezeichnet.

Am 4. Oktober 1454 wurde sie gemeinsam mit weiteren Zeugen vor das Bamberger Stadtgericht berufen, um die Wahrheit einer Beschuldigung zu erhärten, die Hans Schwab, Kanonikus von St. Gangolf, erhoben hatte. Die unter Eid vernommenen Zeugen erklärten *„einmütiglichen"*, dass der Kläger Recht habe und derbe Beleidigungen von Agnes ausgegangen seien. Sie hatten diese Beschimpfungen selbst gehört und zwar nachts, als sie im Bett lagen. Die gerichtlichen Folgen sind uns nicht überliefert, auch nicht die Personalien der Schwanfelderin. Dass sie eine geborene Bambergerin war, geht daraus hervor, dass sie von den Zeugen an ihrer Stimme und ihrem Dialekt unzweifelhaft erkannt wurde. Besser bekannt ist hingegen der schwer beleidigte Kläger, der Chorherr Hans Schwab. Er war der Sohn eines Klerikers, der jedoch lediglich die niederen Weihen empfangen hatte, nun als Notar arbeitete und in vollem Einklang mit der Kirche legitim geheiratet hatte. Ein solch verheirateter Geistlicher bzw. ein Abkömmling aus einer solchen Klerikerehe war in Bamberg selten und veranlasste die Schwanfelderin, Hans Schwab als *„raren Vogel"* zu bezeichnen. Doch das allein hätte sicher nicht zu einem Gerichtsprozess geführt. Ein Auszug aus dem Protokoll: *„... er verheyter pfaff, was man dem heiligen als sannd Anthonig brechte, das fresse er mit seinen huren und puben .../ ... das sie einen münich auf seiner muter gefunden, den davon getzogen und einen paffen an die stat gelegt hett/ er... hurnsone, man wößte wol, wer die seinen weren: seine muter were eine hure, so wößte man auch wol, wer sein vater were; / man hett ihn geweihet zu einem priester, man solt ihn an den galgen geweihet haben und sie wolt ihm auf sein platen scheißen, das es ihm über sein backen herab in sein maul runne, auch spreche sie, er sollt sie* ***im arse lecken*** *..."* (Er, der verheiratete Pfaffe, was man dem heiligen Antonius als Spende brächte, das fresse er mit seinen Huren und Buben/ ... dass sie einen Mönch auf sei-

Haus der Agnes Schwanfelder in der Lugbank

ner Mutter gefunden und ihn herunter gezogen und einen Pfaffen an seine Stelle gelegt hätten/ ... er, der Hurensohn, man wüsste wohl, wer die Seinen wären: seine Mutter wäre eine Hure, so wüsste man auch wohl, wer sein Vater wäre/ ... man hätte ihn zu einem Priester geweiht, man sollte ihn aber besser dem Galgen geweiht haben und sie wollte ihm auf seine Glatze scheißen, dass es ihm über seine Backen herab in sein Maul ränne, auch sprach sie, er solle sie im Arsche lecken.)

Die letzte Bemerkung unterstrich sie noch sehr anschaulich, indem sie ihre Röcke hob und ihm das nackte Hinterteil entgegenstreckte. Und so ging Agnes Schwanfelder in die Geschichte ein.

1954 gab es ein paar wackere Bamberger, die der freien Reichsstadt Berlichingen das Urheberrecht des so genannten „schwäbischen Grußes“ durch eine Unterlassungsklage aberkennen wollten. Urkundlich konnte man belegen, das in Bamberg weit vor Götz von Berlichingen das berühmte Zitat gesprochen wurde, doch die Bestrebungen verliefen im Sande.

Dorothea von Brandenburg und das geplatzte Verlöbnis mit Kaiser Maximilian I.

Dorothea war eine Tochter des Markgrafen und Kurfürsten Albrecht Achilles und seiner zweiten Ehefrau Anna von Sachsen. Sie wurde am 12. Dezember 1471 geboren. Zur *„Erlangung gluckseliger, sneller geburt“* stand der Mutter das „Glas der heiligen Elisabeth“ zur Verfügung. Dieser Glasbecher befand sich im Besitz Herzog Wilhelms III. dem Tapferen und seiner Frau Katharina von Brandenstein und wurde zum Zwecke der Geburtshilfe Angehörigen des Hauses Wettin und Frauen regierender Fürstenhäuser ausgeliehen. Kurfürstin Anna war die Nichte des Herzogs und erhielt das Glas insgesamt dreimal. Es war üblich, das Glas nach glücklicher Geburt erneut mit Wein zu füllen und anderen schwangeren Frauen zum Trinken zu reichen. Heute befindet sich das Gefäß, nachdem es sogar einige Zeit im Besitz von Martin Luther war, in den Sammlungen der Veste Coburg. Kurfürstin Anna beherrschte Lesen und Schreiben und vermittelte diese Kenntnis an ihre Töchter, die auch ansonsten beste Ausbildung erfuhren. Aus politischen Gründen bemühte sich Ende 1485 das Haus Habsburg um eine Eheschließung Dorotheas mit Erzherzog Maximilian, damit der Vater Dorotheas, der einflussreiche Markgraf Albrecht Achilles, die Wahl Maximilians zum römisch-deutschen König unterstütze. Am 12. Januar 1486 wird die Verlobung notariell beurkundet, am 16. Februar fand die Wahl in Frankfurt statt, die tatsächlich ohne die Mithilfe des Brautvaters nicht gelungen wäre. Am 11. März stirbt Albrecht Achilles. Maximilian sieht sich nicht mehr an sein Heiratsversprechen gebunden und löst die Verlobung. Die erst 15-jährige Dorothea zieht sich im Juni 1486 hinter die Mauern des Bamberger Klarissenklosters zurück, um dort die Entwicklung abzuwarten. Ihr Bruder Friedrich hegt weiterhin politische Heiratspläne für Dorothea. Der Auserwählte ist nun der die Scheidung von ihrer Schwester Barbara anstrebende König Wladislaw von Böhmen. Um diesen weltlichen Querelen zu entkommen, wird Dorothea in Absprache mit ihrer Mutter Postulantin des Bamberger Klarissenkonvents, d.h. Anwärterin auf das Noviziat (Probezeit im Kloster), das sie im Oktober 1492 antritt. Kurz zuvor hatte noch die Königin von Dänemark

für ihren Sohn um die Hand Dorotheas nachgefragt. Doch hier lehnte sogar der eifrige Bruder Dorotheas ab, weil ihm die Dänen ein seltsames Volk schienen und er hoffte, eine bessere Partie für seine Schwester zu finden. Dorothea fühlte sich immer stärker bedrängt und sechs Wochen vor ihrem 21. Geburtstag legte sie am 30. Oktober 1492 die Gelübde ab und wird Novizin. Als Mitgift bringt sie ihren gesamten Schmuck und das wertvolle Verlobungsgeschenk Maximilians ins Kloster ein. Außerdem eine jährliche Leibrente ihrer Familie. Ihre Geschwister und ihre Mutter waren bei der Zeremonie anwesend. Dorothea erhielt Erleichterungen im Klosterleben. Sie durfte Milchprodukte während der Fastenzeit essen, durfte Besuch empfangen und sprechen. Außerdem durfte ihr Bruder ihr Zuckerkonfekt schicken, das damals als probates Mittel gegen Kopfschmerzen angesehen wurde. Nach Ablauf eines Jahres wird sie als Nonne eingekleidet. Wieder wohnt ihre Familie der Zeremonie im Bamberger Kloster bei.
1498 wird Dorothea zur Äbtissin gewählt. Dafür erhielt sie von Papst Alexander VI. eine Dispens, denn sie hatte das vorgeschriebene Alter noch nicht erreicht. Das Amt der Äbtissin legt sie *„aus Demut“* nach 6 Jahren nieder. Dorothea hat viel für das Kloster getan. So erwirkte sie von ihrem ehemaligen Verlobten Kaiser Maximilian ein Schutzprivileg für den Bamberger Konvent, erhöhte die Spendenbereitschaft der Bamberger Bevölkerung und konnte damit Baumaßnahmen finanzieren. Die Bildung der Nonnen machte sie sich besonders zu eigen. Die Bibliothek wurde vergrößert und eine Schreibstube eingerichtet. Sie starb am 13. Februar 1520 und wurde im Kloster beigesetzt. Auf ihrem Grabstein stand in lateinischer Sprache: *Im Jahr des Herrn 1520, in der Vigil* (Vortag) *des Märtyrers Valentin verstarb die ehrwür-*

digste und hochherzige Frau Dorothea, Markgräfin von Brandenburg, Äbtissin des Jungfrauenklosters der hl. Klara zu Bamberg. Ihre Seele möge in Frieden ruhen. Amen.

Dorotheas Ansehen wurde sowohl im Kloster als auch in der eigenen Familie sehr hoch gehalten. Als im 2. Markgrafenkrieg Albrecht Alcibiades Bamberg plünderte, verschonte er das Klarissenkloster. Man liest im Tagebuch des damaligen Bamberger Bürgermeisters Hans Zeitlos (gest. 1568): „*Wenn er schon die Stadt abbrennt, will er unser Kloster verschonen von seiner Mumen selig wegen, unser gnädige Frau Mutter und herzliebe Mitschwester Dorodea, Markgräfin, seines Onherrn Schwester, die in unserem Kloster gewest und darinnen gestorben. Eine frumme demudiche Fürstin, die wohl ein Ebenbild aller Fürstin ist gewest. Sie ist dem römischen Kaiser Maximilian vermelhelt gewest; den irdischen Kaiser hat sie verlassen und freut sich mit dem himmlischen. Wenn ihr Feter, der Markgraf, ihr nachfolgt, so wird er ein ewiges Reich haben ...*“

In der Barockzeit sind die Spuren Dorotheas jedoch verwischt. Als 1765 um ein Siegel der Markgräfin aus dem Archiv nachgefragt wird, kann man keines finden und auch eine Abzeichnung ihres Grabsteines sei nicht möglich, „*weillen der weeg dahin gehet, dass der grabstein alle tage öfters von den schwestern betreten und mithin ausgetreten worden ist, dass nichts mehr davon zu ersehen, so man könnte daran abzeichnen ...*“

Mit dem Abriss des Klarissenklosters 1937 gingen die letzten Spuren Dorotheas von Brandenburg verloren.

„*Sie hat durch ihre Tugend und ihren heiligmäßigen Wandel den Orden der hl. Klara heller gemacht.*“
(Pater Fortunat Hueber, um 1700)

Johann von Schwarzenberg, Hofmeister zu Bamberg, verfasst Anfang des Jahrhunderts die „Bamberger Halsgerichtsordnung“. Gleichzeitig gestaltet Riemenschneider das Grab Kaiser Heinrichs II. und Kunigundens für den Dom. Mehrfach hält sich Albrecht Dürer in Bamberg auf, um Bischof Georg III. Schenk von Limpurg zu porträtieren. Die Reformation führt auch in Bamberg zu Unruhen, die jedoch im Keim erstickt werden. In dieser Zeit gelangt der Weihnachtsaltar des Bildhauers Veit Stoß aus Nürnberg in die Obere Pfarre (heute im Dom). Brauereien schießen wie Pilze aus dem Boden. Erhalten haben sich aus dem 16. Jahrhundert bis heute die Klosterbräu, die Brauerei „Spezial“ und Bambergs berühmteste Brauerei, das „Schlenkerla“, dessen genaue Entstehungszeit nicht überliefert ist. Der wilde Markgraf Albrecht Alcibiades fällt plündernd in der Stadt ein. Es entstehen der Renaissanceflügel der „Alten Hofhaltung“ und das „Schloss Geyerswörth“ auf der gleichnamigen Regnitzinsel. Fürstbischof Ernst von Mengersdorf eröffnet am 23. Juni 1586 das „Seminarium Ernestinum“, die Wiege der Bamberger Universität.

Maria im Wochenbett

Eine Figurengruppe von überaus großem Reiz findet man im Chorumgang der Oberen Pfarre am Kaulberg. Sie zeigt uns die seltene Darstellung der jungen **Gottesmutter im Kindbett**. Der überdeutliche Altersunterschied zwischen der Wöchnerin und dem am Fußende sitzenden Vater lässt keinen Zweifel an der Identität von Maria und Joseph, zumal das Thema auch andernorts gezeigt wird. Als Beispiel wäre die Annenkapelle in Staffelstein zu nennen. Die Bamberger Gruppe entstand

Maria im Wochenbett, Chorumgang der Oberen Pfarre

Anfang des 16. Jahrhunderts und zeigt uns die erschöpfte, aber glückliche Maria mit dem neugeborenen Jesus im Arm. Das Kind ist gefatscht (Fatschenkind = Wickelkind). Mutter und Kind liegen in einer hölzernen Bettstatt mit weicher Matratze und mehreren dicken Daunenkissen. Über den unteren Teil des Bettes breitet sich eine goldene Brokatdecke mit Edelsteinbesatz aus. Hier ist nicht die arme Magd des Herrn im Stall zu Bethlehem gemeint, sondern die Himmelskönigin! Am Fußende hat der alte und sichtbar erschöpfte Joseph Platz genommen. Er stützt den schweren Kopf auf seinen Ellenbogen und ist eingenickt. Zu seiner Bequemlichkeit hat er sich ein Kissen auf die Bettkante gelegt. Ein kleiner Engel hält dem schlafenden Mann den Kopf, damit er nicht vom stützenden Arm fällt.
Die glückliche Geburt eines Kindes war im Mittelalter nicht selbstverständlich. Entbindungen bargen ein großes Gefahrenrisiko für Mutter und Kind. Gefürchtet war

Gnadenbild der Oberen Pfarre im „Festtagsgewand“

besonders das Kindbettfieber, hervorgerufen durch eine eitrige Infektion im Wundenbereich der Gebärmutter. Meist trat das Kindbettfieber am vierten Tag auf und führte spätestens am sechsten Tage zum Tode. In ihren Ängsten suchten Frauen Beistand bei Heiligen wie Kunigunde oder Elisabeth. Besonderen Schutz erhoffte man sich jedoch durch die Fürsprache der Mutter Maria. Marienkirchen und Marienstatuen in diesen Kirchen entwickelten sich nicht selten zu beliebten Wallfahrtszielen, besonders bei Frauenanliegen, so auch in Bamberg die Obere Pfarre „Zu Unserer Lieben Frau“.

Anfang des 18. Jahrhunderts herrschten in Bamberg verbreitet „hitzige Krankheiten“ und eine hohe Kindersterblichkeit. In dieser Zeit verstärkt sich die Verehrung des Gnadenbildes der Oberen Pfarre, der großen sitzenden Maria mit Kind. (Anfang 14. Jh.) 1702 findet erstmals die große Marienprozession von der Oberen zur Unteren Pfarre statt, und das Gnadenbild erhält einen neuen barocken Altar. Manch eine ängstliche Schwangere mag in die Kirche gezogen sein und hat zum Gnadenbild um eine glückliche Geburt gebetet, und viele von ihnen haben sicher auch vor der Darstellung der Maria im Wochenbett gestanden.

Albrecht Dürer und „sein Agnes“

Mehrfach weilte Albrecht Dürer (1471–1528) in Bamberg. In der Regel bezog er dabei das „Gasthaus zum Wilden Mann“ in der Austraße. 1520 hatte er zum ersten und einzigen Mal bei seinen Besuchen seine Frau **Agnes** und eine Magd bei sich. Die kleine Reisegesellschaft kam auf dem Landweg von Nürnberg über Baiersdorf, wo man die erste Nacht verbrachte. In Bamberg fand die zweite Übernachtung statt. Am nächsten Tag wollte man die Fahrt per Schiff vom Bamberger Hafen aus fortsetzen. Das Ziel waren die Niederlande, wo Dürer zur Sicherung seiner Leibrente den zukünftigen Kaiser Karl V. treffen wollte. Der Bamberger Fürstbischof übernimmt die Übernachtungskosten: *„4 Pfund 6 Pfennig geben den Wirt zum Wildeman für auslossung und zehrung Albrechten thurers von Nurnberg, der samt seinen weib ... übernacht hie gelegen ist.“* Die Niederlandreise dauerte fast ein Jahr und während dieser Zeit blieben Frau und Magd meist allein, während Dürer Tag und Nacht herumzog. Laut seiner akribischen Tagebucheinträge hat er nicht mehr als 20 Mal gemeinsam mit seiner Frau gegessen. Wenn er im Gasthaus aß, dann allein: *„hab‘ ich mit mir selbst gessen“* oder mit seinem Wirt, während seine Frau mit der Magd *„mögen heroben kochen und essen.“*

Es war die einzige Reise, die das Paar je gemeinsam unternahm. Dürer und seine Frau verstanden sich nicht sonderlich gut. Agnes Frey war vom Vater Dürers während seiner Abwesenheit als zukünftige Frau ausgewählt worden. Auf Geheiß des Vaters unterbricht Albrecht Dürer 1494 seine Gesellenwanderung und kehrt aus

Gasthaus Zum Wilden Mann in der Austraße mit moderner Dürer-Gedenktafel

Straßburg nach Nürnberg zurück. Er beschreibt dies in der Familienchronik wie folgt: „*Und als ich wieder anheimbe kommen was, handelt Hans Frey mit meinem Vater und gab mir seine Tochter mit Namen Jungfrau Agnes und gab mir zu ihr 200 Gulden.*"
Zu Hause wartet eine Braut, die Dürer noch nie gesehen hat, fast noch ein Kind. Sie stammt aus angesehener Familie. Der Vater ist Handelsherr und Mitglied des Großen Rates der Stadt Nürnberg. Die Mutter gehörte zu dem Patriziergeschlecht der Rummel. 200 Gulden Mitgift bekommt Agnes in die Ehe. Davon kann man ein Haus kaufen. Und Agnes hat noch ein stattliches Erbe zu erwarten. Dürer fertigt eine Skizze seiner Braut an und schreibt darauf „*mein agnes*". Das ist das einzige zärtliche Wort, das er, der sonst in Tagebüchern, Aufzeichnungen und Briefen über Vater, Mutter und Familie so viele sorgende und liebevolle Bemerkungen macht, ihr schenkt. Wie ein Schatten liegt über Dürers Leben diese Ehe, die kinderlos blieb. In jungen Jahren war Agnes an-

sehnlich und umgänglich, doch mit fortschreitendem Alter veränderte sich ihr Charakter. Manche sagen, sie sei nur eine vernachlässigte Ehefrau gewesen, andere sahen in ihr eine Xanthippe, die alles tat, um Dürer zu drangsalieren. Dürers bester Freund, der Humanist Willibald Pirckheimer, schreibt in einem Brief, ihr Geiz habe zusammen mit ihrer fanatischen Frömmigkeit den ständig überarbeiteten Ehemann in den Tod getrieben. Aus Dürers Briefen, aber auch aus den Tagebuchnotizen der niederländischen Reise geht hervor, dass die Ehe nur eine Versorgungsgemeinschaft war. Nicht nur, dass er seine Frau auf der Niederlandreise lediglich zu seiner persönlichen Bedienung mitnahm und keinerlei Zeit mit ihr gemeinsam verbrachte. In seinem Tagebuch vermerkt er während der Reise Ausgaben für „Franzosenholz“, das damals als Vorbeugung gegen die Lustseuche Syphillis angewandt wurde. Es handelt sich um das tropische Guajakholz, das geraspelt und als Aufguss getrunken wurde.

„Mein Agnes“, Kohlestiftzeichnung der Agnes Frey von Albrecht Dürer

Albrecht Dürer war in dieser Zeit bereits über den Verständniskreis seiner Frau hinausgewachsen, die meinte, nur einen rechtschaffenen Handwerker geheiratet zu haben. Er jedoch liebte die Wissenschaften, verkehrte mit Bischöfen, Patriziern, Adeligen, Fürsten auf fast gleichem Stand und zog der häuslichen Atmosphäre die Studierstuben und Bibliotheken vor. Sie lebten in getrennten Welten, was Agnes mit Eifersucht erfüllte. Ihre entschiedenste Abneigung galt Willibald Pirckheimer, Dürers bestem Freund, der später jenen berühmten Brief schreiben sollte, worin er Agnes beschuldigte, ihren Mann durch ihre Geldgier und ständige schlechte Laune umgebracht zu haben. Willibald Pirckheimer musste der Dorn im Fleische einer jeden Frau sein. Er war ein gewaltiges Mannsbild, einer der gelehrtesten Humanisten seiner Zeit, von enormer Vitalität und heftiger Gemütsart, weit entfernt von Tugendhaftigkeit. Als seine Frau nach 7½ jähriger Ehe starb, weigerte er sich standhaft auf die Vorteile dieser seiner Beraubung zu verzichten. Er blieb – versorgt von zahlreichen Schwestern und Töchtern (sein einziger Sohn war illegitim) – bis zu seinem Tod 1530 Witwer. Er schrieb über Agnes Dürer, sie sei *„nagend, argwöhnisch und keifend"* und *„ein gar zänkisches und säuerliches Weib."* 1519 porträtiert Dürer das einzige Mal seine Frau und verwendet dieses Porträt für ein Gemälde der „Anna Selbdritt". Agnes Dürer ist die alte und verhärmte Anna.

Der Weihnachtsaltar des Bildschnitzers Veit Stoß und die Hebammen

1520 erhält der Nürnberger Künstler Veit Stoß auf Vermittlung seines Sohnes Andreas vom Karmelitenkloster der Reichsstadt den Auftrag für einen Marienaltar. 1523 kann Dr. Andreas Stoß, Prior des genannten Klosters, den Altar von seinem Vater in Empfang nehmen und in der Klosterkirche aufrichten lassen. Durch die Wirren der Reformation gelangte das Werk 1543 unvollständig nach Bamberg. Heute befindet sich das Retabel (Altaraufsatz) im Dom. Der rechte Flügel zeigt in der oberen Hälfte die Geburt Mariens. In einer Wöchnerinnenstube des frühen 16. Jahrhunderts liegt Anna im Wochenbett und drei **Hebammen** kümmern sich um sie und ihre Tochter Maria. Die beiden älteren Hebammen reichen der Mutter das Kind und eine stärkende Mahlzeit. In der Regel war das ein Becher Wein mit Honig gemischt oder eine starke Fleischbrühe mit Brot. Nicht selten wurden Wöchnerinnen die Tage nach der Geburt regelrecht gemästet, im Glauben, man müsse die entstandene Leere im Bauch wieder auffüllen. Das Bett selbst steht nahe am Feuer, denn nichts fürchtete man mehr, als dass sich die Entbindende erkälten könnte. So herrschte in den Entbindungszimmern immer eine erdrückende Hitze. Die beiden Frauen am Bett können durch ihre Erfahrung helfen, denn sie sind verheiratet – unter der Haube – und haben bereits eigene Kinder geboren. Die jüngere Frau im Vordergrund wäscht ein Laken und ist nur lernende Zuschauerin. Vergebens sucht man nach einem Arzt. Geburtshilfe war traditionell eine weibliche Domäne, die man „klugen und erfahrenen" Frauen überließ. Die Hebammen halfen in allen Notsituationen, drehten das Kind in die richtige Lage, salbten die Geburtswege, erleichterten den Schmerz durch Massagen und durch Dammschnitte. Schere, Faden, Salbengefäße und heißes Wasser gehörten deshalb immer in ein Geburtszimmer.

Hebammen waren den weltlichen Stadtregierungen, besonders aber der Kirche immer suspekt. Man verdächtigte sie der Kindstötung, um aus den toten Leibern Hexensalbe zu kochen. Sie seien mit Mächten der Fins-

Die Geburt Mariens, Detail des Weihnachtsaltars von Veit Stoß im Dom

ternis und mit Dämonen im Bunde. Solche und ähnlich unglaubliche Unterstellungen führten dazu, dass im so genannten „Hexenhammer“ (1487) geschrieben steht, dass niemand dem katholischen Glauben mehr schade als die Hebammen. Kein Wunder, dass sie bei der Hexenverfolgung in vorderster Reihe standen. Im Jahr 1630 erscheint in Bamberg die „Neue Zeitung von sechshundert Hexen“ mit dem Untertitel *„Kurtzer und wahrhafftiger Bericht ... von sechshundert Hexen, Zauberern und Teufelsbannern, welche der Bischof zu Bamberg hat verbrennen lassen ... Mit Bewilligung des Bischoffs und gantzen Thum-Capitels in Druck gegeben.“* Dort ist zu lesen: *„Es ist auch eine*

Amme oder Wehmutter darunter gewesen, welche bekennet, dass sie über die zweihundert Kinder in der Geburt die Hoernschalen eingedruckt und ums Leben gebracht."

Auch die Herstellung der berühmt-berüchtigten Hexensalbe, die Verwandlungen in Tiergestalten oder das Fliegen ermöglichte, soll in der Macht der Hebammen gelegen haben. In den verschiedensten Rezepten gibt es immer zwei feste Bestandteile: Zum einen sind es Körperteile von Kindern und zum anderen Nervengifte. Der berühmte Arzt Paracelsus (1493–1541) nennt Säuglingshackfleisch, Kinderschmalz sowie Mohn, Judenkirsche, Schierling, Nachtschatten, Fünffinger- oder Bilsenkraut. Die „Neue Zeitung von sechshundert Hexen" lässt uns wissen: „*Es sind auch unter diesen Zauberinnen gewesen, die sich zu feurigen Drachen haben machen können, wie sie in der Luft als Gespenst herumgefahren.*"

Die Obrigkeit wollte das Hebammenwesen unbedingt unter Kontrolle haben und so wurden ab dem 15. Jahrhundert Hebammenverordnungen erlassen. Die Geburtshilfe wurde dem studierten Stadtarzt unterstellt, der Gynäkologie lediglich aus seinen mit Irrtümern gespickten Lehrbüchern kannte. Theorie und Praxis klafften hier meilenweit auseinander. Man zwingt die Hebammen in offizielle Schulen. Ausbildung und Kontrolle gehen in männliche Hände über. Bei schweren Geburten muss nun der Wundarzt hinzugezogen werden, der die chirurgischen Eingriffe vornahm. Es wurde die aufrechte Geburtshaltung abgeschafft. In einem medizinhistorischen Lehrbuch wird die Situation treffend benannt: „*Wie die Maikäfer lagen nun die Frauen Europas hilflos auf dem Rücken.*" Verhütung und Abtreibung wurden unter Todesstrafe verboten, was dazu führte, dass Frauen nicht selten bis zu 20 Kinder gebaren. Im Jahre 1523, genau zur Entstehungszeit des Weihnachtsaltares, erscheint das damals bekannteste Buch zur Geburtshilfe. Es wurde vom Frankfurter Stadtarzt Eucharius Rößlin verfasst und nannte sich *„Der swangeren Frawen und hebamen rosengarten"*. Es war in deutscher Sprache verfasst und mit zahlreichen Bildern illustriert. (Vgl. Margaretha Wagnerin, S. 77)

Der Künstler Veit Stoß, dem wir den großartigen Altar im Bamberger Dom verdanken, hatte sich 1473 in Nürnberg niedergelassen und heiratete wenig später die Tochter eines reichen Gastwirts. 1477 gibt er in Nürnberg seinen gesamten Hausstand auf und zieht nach Krakau. Er hatte von der deutschen Kaufmannschaft den Auftrag erhalten, für die dortige Marienkirche einen gigantischen Marienaltar zu schaffen. 19 Jahre verbringt der Künstler im heutigen Polen und bringt es zu größtem Ruhm, Ehre und Reichtum. 1496 verlässt er so überraschend die Stätte seines Erfolgs, dass er sogar angenommene Aufträge nicht mehr ausführen kann. Der Grund ist die Krankheit seiner Frau, die in ihrer Heimatstadt sterben will. Anfang des Jahres erwirbt Veit Stoß das Nürnberger Bürgerrecht zurück. Drei Monate später stirbt seine Frau. Nur ihr zuliebe hat er seine glanzvolle Karriere in Krakau aufgegeben. *„Je größer der Mann, desto tiefer seine Liebe." (Leonardo da Vinci)*

(In Nürnberg heiratet Stoß im Folgejahr zum zweiten Mal und ist – auch wenn er gegen eine große Konkurrenz und manch andere Widrigkeiten anzukämpfen hat – auch hier wieder erfolgreich. Er stirbt 1533 im hohen Alter von 84 Jahren, erblindet, vereinsamt, aber steinreich.)

Barbara von Schwarzenbergs waghalsige Flucht aus dem Kloster

Barbara war die Tochter des berühmt-berüchtigten Johann von Schwarzenberg, Schöpfer der „Bamberger Halsgerichtsordnung" von 1507. Die einen sehen in ihm „einen der hellsten und aufgeklärtesten Köpfe seiner Zeit." Für die anderen ist er Handlanger des Bischofs, der dem Irrsinn des Hexenwahns eine rechtliche Grundlage gab, die für lange Jahrzehnte Hunderten von Menschen grausame Folter und den Tod brachte. Die Bamberger Halsgerichtsordnung wurde Vorlage der 1532 unter Kaiser Karl V. erlassenen „Constitutio Criminalis Carolina", der Reichsgesetzgebung.

Johann Schwarzenberg, 1465 als einziges Kind seiner Eltern auf der Stammburg bei Scheinfeld geboren, war verwegen, von überschäumender Kraft und unbändigem Temperament. Bei seiner ritterlichen Ausbildung an verschiedenen Fürstenhöfen schlug er im Kartenspiel, bei Trinkgelagen und Duellen immer wieder über die Stränge und wurde deshalb unter Androhung der Enterbung vom Vater zurückgeholt. Erst seine Ehe mit einer Tochter aus dem Grafenhaus von Rieneck brachte ihn zur Vernunft. 1493 tritt er in die Dienste des Hochstifts Bamberg und arbeitete unter vier Bamberger Fürstbischöfen.

1501–1524 hatte er die höchste weltliche Position des Bistums erreicht. Er war Hofmeister und Vorsitzender des Hofgerichts. 1502 starb seine geliebte Gattin bei der Geburt des 12. Kindes im Kindbett. Um diese Kinder kümmerte er sich nun liebevoll. Eines davon war die 1490 geborene Barbara. Ohne, dass er sie bedrängt ha-

Dominikanerinnenkirche „Zum Heiligen Grab“

be, so betont Schwarzenberg, habe sie sich kurz nach dem Tod der Mutter gewünscht, in ein Kloster einzutreten. Sie war knapp vierzehn Jahre alt und wählte sich das Bamberger Dominikanerinnenkloster Zum Heiligen Grab. Zwanzig Jahre harrt sie hinter den Klostermauern aus. Sie ist den strengen Regeln des Ordens auf Gedeih und Verderb unterworfen. 1524 scheint das Maß jedoch voll und Johann von Schwarzenberg bereitet gemeinsam mit seinem Freund Joachim Kammermeister (Camerarius), dessen Schwester sich ebenfalls hinter den Klostermauern befand, die Flucht seiner Tochter und anderer Nonnen aus dem Kloster vor. Schwarzenberg hatte sich schon lange zuvor zunehmend der evangelischen Seite zugewandt, was seine Kritik schärfte und sein Handeln beeinflusste. Er verkehrte mit Luther, verbreitete und rechtfertigte dessen Schriften. Die Nürnberger Willibald Pirckheimer, Lorenz Behaim, besonders aber der Prediger von St. Lorenz in Nürnberg Andreas Osiander bestärkten ihn.

Am 8. November 1524 erbittet Joachim Kammermeister ein Gespräch mit seiner Schwester im Kloster. Persönliche Gespräche waren streng untersagt, aber die Ausnahmegenehmigung wird durch die Priorin – es ist Barbara von Schwarzenberg – erteilt. Sie nimmt selbst an der Unterredung teil. Die Kammermeisterin klagte gegenüber ihrem Bruder über das klösterliche Gefängnis und signalisierte Bereitschaft zu fliehen, wenn sich eine Gelegenheit böte. Wenige Tage später kommt es dann zu einem aufsehenerregenden Ereignis: Nicht die Nonne Kammermeister, sondern die Priorin selbst, Barbara von Schwarzenberg, ergreift die Flucht. Sie war offenbar schon zuvor von ihrem Vater vorbereitet worden. Ein Bote kündigte ihr an, dass Reiter an der Klostermauer auf sie warten und in Empfang nehmen würden. Sie war sofort bereit. Da sie als Priorin alle Schlüsselgewalt hatte, konnte sie leicht an die äußeren Klostermauern und mittels einer Leiter zu den Fluchthelfern gelangen. Mit ihr flohen ein Fräulein von Heideck, eine Schwester des bekannten Nürnberger Ratsschreibers Lazarus Spengler und drei weitere Nonnen.

In einem Brief übertrug Barbara die Leitung des Klosters an die „Kammermeisterin". Diese Verantwortung ist der letzte Anstoß für Letztgenannte, ebenfalls die Flucht zu wagen. Doch inzwischen wird das Kloster von Dominikanermönchen streng bewacht. Aber sie kennt einen Weg. Eine Brunnenleitung, die zum Bierbrauen angelegt wurde, hat an zwei Stellen einen Zugang von außen. Hier dringt Joachim Kammermeister gemeinsam mit seinem Bruder ein und entführt seine Schwester. Die Mönche, die zur Bewachung des Klosters anwesend waren, wurden beiseite gestoßen oder überrannt, zum Teil sogar überwältigt, gefesselt oder eingesperrt. Die Flucht gelang. Die Nonne Kammermeister wurde zunächst aufs Land verbracht. Nachdem aber keinerlei Reaktion des Bischofs erfolgte, holte Joachim seine Schwester heim ins Wohnhaus in der Langen Straße (heute Sparkasse).

Über das weitere Schicksal der Barbara von Schwarzenberg erfahren wir nichts. Vater Johann von Schwarzenberg sendet zu seiner Rechtfertigung noch einen ausführlichen Brief an den Fürstbischof und quittiert dann seinen Dienst. 1525 übernimmt er für den evangelischen Markgrafen von Brandenburg die Verwaltung seiner Gebiete in Franken und wird dort Landeshofmeister. Da die Flucht seiner Tochter weite Kreise zog, ließ Schwarzenberg den Brief an den Bischof drucken und als Rechtfertigungsschrift verbreiten. Sein Freund Osiander verfasste dazu eine Vorrede, in der er Schwarzenberg unterstützt und sich gegen die Mönche wendet, indem er sie auffordert, sich zu bessern, sonst stünde der Untergang für sie bereit. Ein wesentlicher Grund für die unerträglichen Zustände im Dominikanerinnenkloster Heilig Grab war offensichtlich die tyrannische Observanz der Dominikaner, denen die Nonnen unterstanden. So lesen wir auch im Brief Schwarzenbergs (Wortlaut modernisiert):

„Gnädiger Herr: Nachdem vor zwanzig Jahren meine jüngste Tochter, die damals zwischen dreizehn und vierzehn Jahren alt gewesen ist, ohne dass ich sie angewiesen, und noch viel weniger dazu bedrängt habe, in ein Jungfrauenkloster eintreten wollte, ohne Zweifel keines anderen Willens, als dass sie dachte, Gott dem Allmächtigen darinnen näher zu sein, als ihm im ehelichen Stand (der ihr ansonsten bevorstand) zu dienen und deshalb das Jungfrauenkloster bei Eurer Fürstlichen Gnaden Stadt Bamberg (zum Heiligen Grab genannt) ausgewählt. ... Ich wusste nichts anderes, als wenn ich sie hindern würde, dass ich damit wider Gott, und der Seelen Heil täte. Also hab ich dazu geholfen und sie für vierhundert Gulden in solchem Kloster untergebracht (wie denn gar selten eine

ohne ein gewisses Geld in diesem und anderen dergleichen Klöstern angenommen wird). Es hat sich auch dieselbige meine Tochter in gemeldetem Kloster dermaßen gehalten, das sie in der Folge zur Priorin erwählt wurde, wie Euer Fürstlich Gnaden unverborgen ist. Aber über etliche Jahr danach, dieweil ich noch zu Bamberg Hofmeister war, hab ich der Predigermönche wegen (unter deren Gehorsam diese armen Klosterjungfrauen sein müssen) etliche ungöttliche Ding erfahren. ... Deswegen hatte Euer Fürstlich Gnaden Vorfahre Bischof Georg, seliger und löblicher Gedächtnis, als ein frommer christlicher Fürst, nicht wenig Mißfallen und deshalb schriftlich und mündlich mit den Mönchen gehandelt, dergleichen ich auch getan. Aber sie waren verächtlich und unverträglich gewesen, wie zum Teil etliche der alten Geheimräte, so noch bei Euer Fürstlich Gnaden sind, auch etliche ehrbar Bürger in der Stadt, wissen mögen. Seit dieser Zeit habe ich stetige Anfechtung gehabt, dass meine und andere unschuldige Töchter unter solcher, der Mönche ungöttlichen tyrannischen Gewalt sein sollen und doch in Zweifel gestanden, wie ich solches in Besserung wenden könnte. Bis jetzt Gott der Herr das Licht seines göttlichen Worts uns armen Christenmenschen so gnädig hell und klar wiederum hervor scheinen lässt und mir diesselbige meine Tochter geklagt, dass ihr und ihren Konventschwestern durch die gedachten Mönche das rein lauter, ewig und unüberwindliche Wort Gottes, dadurch wir allein selig werden mögen, zu lesen und zu hören versperret ... und dass sie in etlichen evangelischen Büchern (die ich ihr in solch höllisches Gefängnis um Behaltung willen ihrer Seele geschickt) soviel öffentlichen Grund gefunden, dass nicht allein sie vielerlei in der göttlichen Schrift verworfen und zum Teil Gott öffentlich gespottet haben. ... Und so musste sie durch der Mönche Tyrannei öffentlich wider Gott und sein ewig seligmachendes Wort täglich und stetlich zur Verdammung ihrer Seele handeln. Und sie wußte wohl, dass sie solchen klösterlichen Stand ohne meine Verursachung angenommen hatte und bei mir um Erledigung desselben nicht begehren durfte. Da ich aber soviel Gründe erfahren und gewußt habe, dass dieselbige meine Tochter durch die Mönche und ihre Regel dahin genötigt und bedrängt, dass sie nicht Gott unserm Schöpfer und Erlöser, sondern dem Vaal (evtl. Baal gemeint?) hat dienen müssen und dabei bedacht, was ich nicht allein aus natürlicher väterlicher, sondern viel mehr christlicher Lieb, vor Gott schuldig und verpflichtet bin. ... So bin ich verursacht und bewegt worden, unangesehen dass ich wohl erwarten kann, dass etliche aus Gottlosigheit (die ich nicht hoch wäge), aber dabei auch andere, weil sie noch nicht durch das öffentliche Wort Gottes erleuchtet sind, mir und meiner Tochter solches zum Ärgsten auslegen werden und dass es mir in vielerlei Hinsicht viel zeitlichen Schaden einbringen mag, ihr selbst ... angezeigt. Wo sie allein um Göttliches Lob und ihrer Seligkeit willen von diesem tyrannischen Stand der Mönche Erledigung begehre, will ich ihr als der Vater dazu helfen, dass sie nach vielerlei sorgfältiger Bewegung (die von einem Weibsbild seltsam zu hören) schließlich dermaßen angenommen. ... Darauf ich sie im Namen des allmächtigen Gottes ... mit etlichen andern, die ich ihr zuverordnet, aus angezeigtem tyrannischen, teuflischen mönchischen Gefängnis hab holen und führen lassen. Bis ich sie nach dem Willen Gottes weiter versorgen möge. ...“

Margaretha Wagnerin, des ehrbaren Pankraz eheliche Hausfrau und ihre Freundin Margaretha Braun

An der Fassade der Oberen Pfarre links neben dem Kirchenportal gibt ein Sandsteinepitaph beredtes Zeugnis einer Tragödie. Dargestellt ist eine Frau in Zeittracht mit ihren Kindern. Unter ihr erzählt eine Inschrift von ihrem Schicksal: *Anno 1582 Am Sontag Reminissere ist mit Ihrer Leibsfrucht in Gott Seliglichen verschieden die Erbar und Thugentsame Fraw* ***Margretha Wagnerin,*** *Des Erbarn Pangratz Wagners Eheliche Hausfraw der Selen Gott wolle gnedig sein. AME(n)*". Offensichtlich hatte sich hier ein familiäres Drama abgespielt. Obwohl Margaretha schon Kinder zur Welt gebracht hatte, gab es nun bei einer Geburt Probleme und die Schwangere starb.

In unserer modernen Zeit ist es kaum noch vorstellbar, dass eine kreißende Frau verstirbt. Damals jedoch waren solche Schicksale keine Einzelfälle. Durch Kaiserschnitt, der in der Regel nur an toten Frauen vollzogen wurde, versuchten die Hebammen oft, wenigstens das Kind zu retten. Ein beeindruckendes Zeugnis einer solchen Maßnahme findet man ca. 1050 in einem Bericht von Ekkehard VI. von St. Gallen. In der Klosterchronik „Casus sancti Galli" beschreibt er die schwierigen Geburtsumstände des Abtes Burchard I. von St. Gallen. Seine Mutter Wendilgart, Gattin des Grafen Ulrich V. von Bregenz-Buchhorn, starb zwei Wochen vor der Entbindung. Das Kind wurde aus dem Mutterleib herausgeschnitten und dick mit Schweineschmer eingerieben.

„ ... und da es sich in kurzem als wohlbeschaffen erwies, wurde es getauft und Purchard genannt.“ Der Vater erfüllte das von seiner schwangeren Frau geleistete Gelübde und übergab seinen Sohn dem Kloster von St. Gallen, wo er – obwohl ständig kränkelnd – später Abt wurde.

Doch es wurden auch Entbindungsschnitte bei lebenden Frauen angewandt. (Vgl. Die hl. Elisabeth, S. 31) In einer Hebammenverordnung von 1480 ist zu lesen: *„Viele Mütter bitten sterbend ... das Kind durch den Schnitt zu befreien. In diesem Fall muss eine geschickte Hebamme die Seite aufschneiden ... Sie soll die Kranke auf dem Rücken liegen lassen, so dass der Kopf verhältnismäßig tief liegt, damit sie an die Gebärmutter herankommt. Dann wird die Frau nach Eröffnung der Gebärmutter auf die Seite geneigt, wie die Hebammen gut wissen(!). Das Kind wird von den Eihäuten befreit. Die Frau aber, wenn sie noch Lebenszeichen von sich gibt, wird vorsichtig auf den Rücken zurückgelegt. Man versieht die Wunde mit drei oder vier Stichen mittels einer Nadel und einem seidenen Faden. Darüber kommt ein Pflaster aus drei Eiern und starkem Hanfstoff. Das Pflaster wird auf die Wunde gebunden ...und mit Gottes Hilfe wird sie gesund werden.“* Margaretha Wagner konnte nicht geholfen werden und sie verstarb mit ihrer Leibsfrucht. Nach dem Tod seiner Frau verlässt Pankraz Wagner Bamberg und stirbt zwei Jahre später in Wimpfen am Neckar.

Pankraz war Bildhauer und arbeitete den figürlichen Schmuck der Schönen Pforte an der Alten Hofhaltung, darunter die Wilde Frau, eine allegorische Darstellung des Flusses Regnitz. Sie entstand 1572, zehn Jahre vor dem Tod seiner Gattin. Ob sie ihm Modell war?

Epitaph der Margaretha Wagner an der Oberen Pfarre

Pankraz Wagner arbeitete Seite an Seite mit Erasmus Braun, dem leitenden Architekten der Hofhaltung. Familie Braun wohnte am Oberen Stephansberg 31, Familie Wagner am Sonnenplätzchen 2. Sie waren freundschaftlich verbunden und pflegten engen Kontakt. Erasmus Braun war Taufpate und Vormund des Wagnersohnes Asmus.

Die beiden Frauen waren das, was man Freundinnen nennt. **Margaretha Braun** war über den Tod von Margaretha Wagner tief betroffen. Sie selbst hatte mehr Glück im Leben. Ihr Mann verdiente gut. Nach seinem Tod 1598 erbt sie das große Anwesen am Oberen Stephansberg und es gelang ihr, die einzige Tochter Maria gut zu verehelichen. Am 20. Februar 1609 heiratet Johann Rochus Kneutzel, ein Nürnberger Kaufmann, *„die ehrbar und thugentsam jungkfrau Maria, weilandt des ehrbarn und fürnemen Erasmi Brauns,*

Epitaph in der Pfarrkirche Walsdorf mit den Darstellungen von Maria und Margaretha Braun

fürstliches bambergischen und brandenburgischen gewesenen baumeisters seeligen hinterlassene ehliche tochter." Die Familie Braun war aus dem reformierten brandenburgischen Territorium zugezogen. Sie blieb dem neuen Glauben auch im katholischen Bamberg und trotz des Domkapitels als Hauptauftraggeber treu. Die Eheschließung der Tochter mit einem Nürnberger Protestanten und die Grablege der Familie in der evangelischen Kirche Walsdorf zeugen eindeutig davon. Die Tochter zieht nach Nürnberg, Mutter Margaretha bleibt in Bamberg. Der Schwiegersohn Kneutzel ließ sich jedoch vom Walsdorfer Kirchenherrn Christoph von Crailsheim eine Bestätigung geben, worin ihm und seinen Erben die Sepultur (Grabstätte) in der Walsdorfer Kirche und ein Kirchstuhl, den die Familie bisher schon in Gebrauch hatte, zur alleinigen Benutzung zugesichert wurde. Er bekam außerdem die Erlaubnis, ein Epitaph bei der Kirchentür aufzustellen und ein Fenster neu mit

Wappenscheiben zu gestalten. 1616 starb die kinderlos gebliebene Maria Braun und 1617 deren Mutter Margaretha. Rochus Kneutzel heiratet im Folgejahr wieder und lässt 1619 in Walsdorf ein Epitaph setzen, das die drei Frauen zeigt, die ihm im Leben etwas bedeuteten: Seine damalige Frau Anna Maria Löffelholz von Kolberg links, in der Mitte seine erste Frau Maria Braun und rechts seine Schwiegermutter Margaretha Braun. Seiner Schwiegermutter lässt er eine eigene Inschrift anbringen: „*Anno 1617 den 23. Oktober verschide in Gott die Ehrbar und Tugentsame Frau Margaretha Bräunin ein geb(orene) Weißin, weiland des Ehrenvesten Eraßmo Braun seligen geweßenen F(ürstlich) Bamb(ergischen) und Brandenburg(ischen) baumeistern hinterlaßene Wittib des Alters im 67. Jahr der Gott gnädig sein wolle. Ame(n)...*“ Auch seiner verstorbenen Frau wird in Zeilen gedacht. Sein eigenes Sterbedatum blieb zunächst offen und wurde nach seinem Tod eingetragen. Wo Kneutzel starb und beerdigt wurde, ist unbekannt. Das Todesdatum seiner zweiten Frau fehlt bis heute. Es fand sich wohl niemand mehr, der sich des Epitaphs in Walsdorf erinnerte.

1602 schuf der Landvermesser Petrus Zweidler den ersten Stadtplan Bambergs, ein kartografisches Meisterwerk. Fürstbischof von Gebsattel beginnt auf dem Domberg den Bau einer Residenz. Die Jesuiten kommen 1610 nach Bamberg und übernehmen die Leitung des Gymnasiums und Seminars. In diesem Jahr brennt die Klosterkirche der Benediktiner auf dem Michelsberg durch eine Nachlässigkeit des Klosterdachdeckers. Nach dem Wiederaufbau entsteht die einzigartige Kräuterdecke.
1618–48 wütet der Dreißigjährige Krieg, der fast die Hälfte der Bevölkerung durch Hunger, Pest und Kriegshandlungen fordert. Die Stadt liegt in Ruinen. Wallenstein und Tilly kämpfen in Bamberg gegen die Schweden. Während des Krieges lassen sich die Kapuziner in Bamberg nieder. Gleichzeitig erreicht die Hexenverfolgung ihren Höhepunkt. Fürstbischof Fuchs von Dornheim erhält den Beinamen „Hexenbrenner". 1647 wird die „Academia Ottoniana" gegründet. Obwohl sie die Rechte einer Universität erhielt, fehlen bis ins 18. Jahrhundert die klassischen Fakultäten Medizin und Jura. Neue Kirchenbauten entstehen: St. Stephan, die Jesuitenkirche, die barocke Fassade der Karmelitenkirche.

Die Apothekerin Barbara Lustenauer und der Teufel

Im Jahre 1453 wurde dem Apotheker Klüpfel vom Bistum Bamberg das Privileg erteilt, in der heutigen Karolinenstraße eine „Hofapotheke" zu eröffnen. Ende 1578 beschließt das Bistum, das Gebäude nicht mehr zu verpachten und verkauft es an den Apotheker Zacharias Klett. Er vermacht die Apotheke seinem Sohn, der bald verstarb und eine verzweifelte Witwe hinterließ, die nicht in der Lage war, das Geschäft weiter zu führen. Die junge Frau war eine gute Partie, die man nicht aus der

Familie gehen lassen wollte und so heiratete sie ihr Schwager Paulus Klett. Damit war die traurige Geschichte aber beileibe nicht zu einem glücklichen Ende gekommen. Paulus Klett war faul und mehr den weltlichen Genüssen zugetan als der Arbeit. Er brachte das Vermögen unter die Leute und die Apotheke verwahrloste. Nun griff das Domkapitel ein und regelte die Angelegenheit. Die Apotheke gelangte zurück in den Besitz des Bistums. Wenig später hört man dann von der **Hofapothekerin Lustenauer**, von der nicht viel bekannt ist. Doch sie ging in die Geschichte ein, weil man sie der Hexerei bezichtigte. Fast möchte man sagen, das sei kein Wunder, denn Apotheken waren in den Augen des Volkes die reinsten „Hexenküchen". Aus den kuriosesten Dingen wurden die Arzneien zusammengerührt. Da fanden sich Mumien, getrocknete Schlangen oder Kröten und Pflanzen, um die sich die abenteuerlichsten Geschichten rankten, wie die Alraune. Eine Apothekersfrau wurde besonders bei Frauenleiden und anderen kleinen „Problemchen" gerne zu Rate gezogen, denn diese „Geheimnisse" wollte man nicht einem Mann mitteilen. Vieles gab es „unter dem Ladentisch", zum Beispiel Verhütungs- und Abtreibungsmittel, die zu gebrauchen unter Todesstrafe verboten war. Schnell konnte die Apothekerin in schlechten Ruf geraten. Wenn gar die Apothekerin das Geschäft allein betrieb, wie es hier der Fall scheint, dann war sie besonders gefährdet. Barbara

Die Hofapotheke
in der Karolinenstraße

Lustenauer wurde im Juli 1629 verhaftet und im Malefizhaus an der heutigen Promenade eingekerkert.
Sie gestand unter der Folter im Verlauf ihres Prozesses, mit dem Teufel verkehrt zu haben, der ihr als *„feurige Gestalt mit großem Schnabel und langem Schwanz"* erschienen sei. Er habe sie vor ihrer Verhaftung gewarnt, aber ihr gleichzeitig seinen Beistand zugesagt. Sie solle sich nicht fürchten, er werde ihr helfen. Dieses Bekenntnis bedeutete für sie nach der Bamberger Halsgerichtsordnung das Todesurteil. Die frauenfeindliche Auffassung der Kirche war, dass ein solcher Teufelspakt, die Buhlschaft, freiwillig eingegangen worden sei. Die Täterin habe sich von Gott abgewandt und den Dämon Macht über sie ergreifen lassen. Solche „Geständnisse" erhielt man in der Regel nur durch die Folter. Ein Folterturm ohne Fenster war direkt an das Malefizhaus angebaut. Die hier angewandte „Bamberger Tortur" hatte besondere Qualität: Zunächst zeigte man nur die Folterinstrumente vor. Wenn das nicht half, wandte man Daumen- und Beinschrauben an, setzte die „Hexen" auf den „Bock", zog sie rücklings an den Armen hoch, dann wurden sie mit Schwefelruten gebrannt, ausgepeitscht und mussten tagelang auf spitzkantigen Lattenböden verbringen. Die Verfolgung und die Folter richteten sich anfänglich fast ausschließlich gegen Frauen. So liest man schon im „Hexenhammer" von 1487: *„Also schlecht ist das Weib von Natur, da es schneller den Glauben ableugnet, was die Grundlage für die Hexerei ist."* Und: *„Wie nämlich die Frau von Natur lügnerisch ist, so auch beim Sprechen."*

Gefangene im Bamberger Malefizhaus, Kupferstich des frühen 17. Jahrhunderts

Anna Maria und Veronica Junius, Töchter der „Hexe“ Helena

Johannes Junius, geboren in der Wetterau (Taunus), hatte es in Bamberg zu etwas gebracht. Er war Bürgermeister, führte eine glückliche Ehe, seine Kinder waren wohlgeraten. Bürgermeister Junius war fünfundfünfzig Jahre alt, als 1628 das Unglück über seine Familie hereinbricht. In den Akten lesen wir unter dem Datum des 5. Februar, dass **Helena**, seine Frau, durch Denunziation unter Verdacht der Hexerei stand und verhaftet worden war. Unter der Folter „gestand“ sie, vor zwei Jahren in einem Garten zu teuflischen Dingen verführt worden zu sein. Die unvollständigen Aufzeichnungen lassen schließen, dass man ihr weitere ketzerische Aussagen abzwang, die letztlich im Todesurteil wegen Hexerei endeten. Die Hinrichtung – Tod durch Verbrennen – wurde am 10. Februar vollzogen. Im Juni wird Junius selbst verhaftet und schon beim ersten Verhör wird er „peinlich“ vernommen. Nach sechs Tagen ist sein Widerstand gebrochen und er gesteht, dass in seinem Obstgarten am Friedrichsbrunnen ein *„Weibsbild, wie eine Grasmagd“* auf ihn zugekommen sei. Es folgt die erwünschte Schilderung der sexuellen Verführung, die Verwandlung der Frau in den Teufel und die anschließende Hinwendung zum Teufel unter Verleugnung Gottes. Trotz dieser Aussagen nahm man ihn weiter unter Folter und erzwang damit die Nennung anderer „Hexen“. Am 24. Juli 1628 gelingt es Johannes Junius, seiner Tochter **Veronica** einen Brief zu schreiben, der die Empfängerin nie erreichte und so in den Akten erhalten blieb. Am 6. August wurde Junius ein letztes Mal gefoltert, damit er seine bisherigen Aussagen bestätige. Noch am gleichen Tag wird er hingerichtet. In erwähntem Brief an seine Tochter kommt die ganze Dramatik der Hexenverfolgung zum Ausdruck: „*Ich wünsche Dir von Herzen eine gute Nacht, meine liebe Tochter Veronica! Ich bin zu Unrecht in dieses Gefängnis gekommen, ich bin zu Unrecht gefoltert worden und zu Unrecht muss ich sterben. …*“ Er erzählt, wie es ihm ergangen ist: „*… Ach und dann, Gott im höchsten Himmel erbarme sich meiner, kam der Henker, legte mir die Fingerschrauben an und drückte mir die Hände so zusammen, dass das Blut zu den Nägeln herausdrang und ich die Hände vier Wochen nicht habe gebrauchen können, wie Du auch an meiner Schrift noch erkennen kannst. … Als ich mich mit Gottes Hilfe wieder etwas erholt hatte, sagte ich zu ihnen: ‚Gott vergebe Euch, dass Ihr einen unschuldigen Menschen so quält, ohne dass er sich etwas hat zuschulden kommen lassen – Ihr wollt ihn wohl nicht allein um Leib und Seele bringen, sondern habt es auf sein Hab und Gut abgesehen!‘ … Als mich der Henker wieder ins Gefängnis brachte, sagte er zu mir: ‚Herr, ich beschwör Euch um Gottes willen, gesteht etwas, ob es der Wahrheit entspricht oder nicht. Denkt Euch irgendetwas aus, denn die Folter, der man Euch unterwirft, könnt ihr doch nicht aushalten. Und wenn Ihr sie wider Erwarten doch ertrüget, so kämet ihr doch nicht frei, selbst wenn ihr ein Graf wäret.‘ …*“ Junius beschließt zu sagen, was von ihm erwartet wird. Er gerät dabei so sehr in Gewissenskonflikte, dass er um einen Dominikaner als Beichtvater bittet, was ihm jedoch verweigert wird. Dann beschwört er seine Tochter: „*Mein liebes Kind, ich weiß, dass Du genauso fromm bist, wie ich, doch wirst du ebenso wohl schon große*

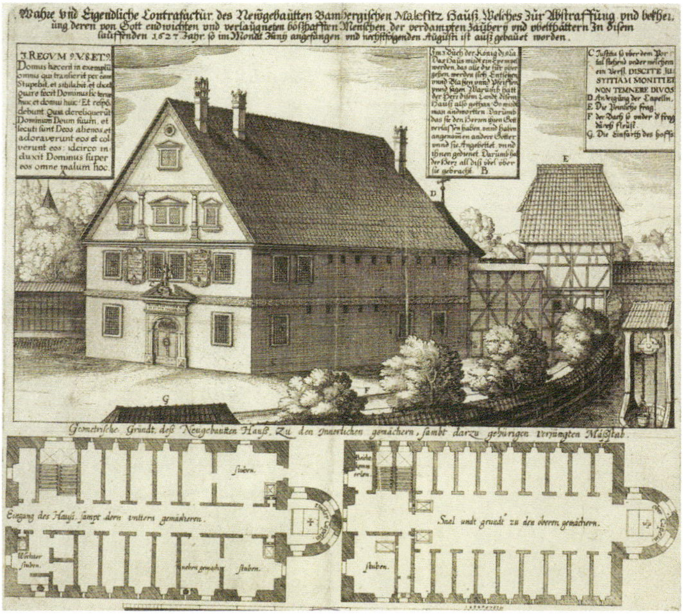

Das Bamberger Malefizhaus, Kupferstich 1627, Staatsbibliothek Bamberg

Angst haben, und wenn ich Dir raten soll, so nimm Deinen Anteil vom Geld und von den Wechseln, was Du gerade bei der Hand hast, und begib Dich für ein halbes Jahr auf eine Wallfahrt oder wohin Du sonst außerhalb des (Hoch)Stifts hingehen kannst, bis man erkennt, wie es hier weitergeht. Denn manch ehrlicher Mann und manch ehrbare Frau gehen, nichts Böses ahnend und mit reinem Gewissen hier in Bamberg in die Kirche und ansonsten ihren anderen Geschäften nach (wie auch ich bisher, wie Du weißt bis zu meiner Festnahme), nichtsdestoweniger können sie in dem Hexengefängnis denunziert werden, und wenn man nur ihren Namen hat, müssen sie sterben, sie seien gerecht oder nicht. ... Liebes Kind, halte diesen Brief verborgen, damit er nicht bekannt wird, sonst werde ich so gefoltert, dass es zum Erbarmen ist und meine Bewacher werden geköpft. So streng ist es verboten. ... Bete für mich, Deinen Vater, der wahrhaftig ein Märtyrer ist. Nach meinem Tod verhalte Dich, wie Du es für richtig hältst, aber hüte Dich, diesen Brief bekannt zu machen! Auch Anna Maria lass für mich beten! ... Leb wohl, Dein Vater Johannes Junius wird dich nicht mehr wiedersehen! Am 24. Juli des Jahres 1628.“

Was aus Veronica wurde, bleibt im Dunkel der Geschichte. **Anna Maria**, die der Vater in seinem Brief mit der Bitte um Gebet erwähnt, war Dominikanerin im Kloster Heilig Grab. Ihr blieben trotz strenger Klausur die Ereignisse außerhalb der Klosterpforten nicht verborgen. Sie schrieb ein ausführliches Tagebuch und fasste die Ereignisse des gesamten Dreißigjährigen Krieges in einer Chronik zusammen. Sie erzählt auch vom „Malefizhaus“, das an der heutigen Promenade angeblich innerhalb von nur drei Monaten errichtet wurde. Es diente ausschließlich der Inhaftierung und Folterung von Hexern und Hexen. Anna Maria berichtet, dass im Dezember 1627 erstmals vier Frauen inhaftiert wurden: *„Unterdessen hat er (der Fürstbischof) allhier ein Haus bauen lassen, ... welches man das Trudenhaus heißt. Als nun solches ausgebauet gewesen, hat man allhie ... die Kanzlerin, ihre Tochter, auch zwei Bürgermeisterweiber (*darunter die eigene Mutter!!!*) zum Ersten ins Trudenhaus geführt. Nach diesen sind die allerstattlichsten und fürnehmsten Leut ... geführt worden, endlich ... verbrennt worden ...“* Über der Tür des Hauses stand eine Justitia und daneben fanden sich zwei Inschrifttafeln mit Zeilen aus dem Alten Testament: *„Und dieser erhabene Tempel, wer immer daran vorübergeht, soll sich entsetzen und flüstern, und wenn man sich fragt, warum Gott an diesem*

Land und an diesem Haus so gehandelt hat, dann soll man sagen, deshalb weil sie Gott verlassen haben." 1631 weiß Anna Maria in ihrem Tagebuch zu berichten, dass der Spuk ein Ende hatte. Die letzten zehn Gefangenen des Hauses wurden unter dem Versprechen des absoluten Stillschweigens aus dem Trudenhaus entlassen, *„alls der Feindt nach Bamberg hat kumen wollen.*" Gemeint sind die protestantischen Schweden. Anna Maria überlebte unversehrt im Kloster.

Catharina Haan und ihre Tochter, Opfer von Missgunst und Neid

Anna Maria Junius, Dominikanerin vom Kloster Heilig Grab, schreibt im Dezember 1627, dass das neu gebaute Hexenhaus fertiggestellt sei: *„Als nun solches ausgebauet gewesen, hat man allhie ... die Kanzlerin, ihre Tochter, auch zwei Bürgermeisterweiber zum Ersten ins Trudenhaus geführt.*" Die Kanzlerin und ihre Tochter, die hier erwähnt werden, sind **Catharina Haan** und ihre älteste Tochter, ebenfalls mit Namen **Catharina**, verheiratete **Röhm**.

Die Familie war bestens angesehen. Dr. Georg Haan, der Ehemann bzw. Vater, stand als Kanzler dem Hofrat vor, der für innere und äußere Angelegenheiten der Verwaltung und Justiz zuständig war. Er stammte aus Fulda und war erst 1603 nach Bamberg gezogen, wo er rasch Karriere machte. Dabei übersprang er manchen altgedienten Beamten, so auch Dr. Harsee, einen Ratskollegen. Dieser nutzte die Gunst der Stunde, als es ausreichte, ein Gerücht in die Welt zu setzen, um Menschen auszuschalten. Er ließ verlauten, die Frau des Kanzlers sei eine Hexe, und auch gegen den Kanzler selbst liefen Ermittlungen. Haan reist nach Bekanntwerden des Gerüchts sofort nach Speyer ans Reichskammergericht, der höchsten juristischen Instanz im Reich, um ein Mandat zur Entlastung seiner Frau und seiner Tochter, die inzwischen auch ins Kreuzfeuer geraten war, zu erhalten. Er versucht, seine Frau zu überreden, mitzukommen. Doch sie antwortet, ein reines Gewissen zu haben und deshalb ohne Gefahr in der Stadt bleiben zu können. Während Haan in Speyer ist, erreichen ihn zwei Briefe seines Sohnes, in welchen er mitteilte, dass Mutter und Tochter verhaftet worden seien und bereits unter der Folter bekannt hätten.

Ehemaliges Wohnhaus der Familie Haan, Judenstraße 6

Catharina Röhm war 24 Jahre alt. Sie wurde zunächst „gütlich" vernommen, doch als sie leugnete, erfolgte am nächsten Tag die Folter, unter der sie gestand. Man hatte sie an den auf dem Rücken gebundenen Armen hochgezogen und zur Erschwerung der Folter einen Stein an ihre Füße gehängt. Wenig später nimmt sie den Widerruf ihrer Aussage zurück, nachdem sie fast zwei Stunden nackt und geschoren auf einem spitz nach oben zulaufenden Balken, dem „Bock", gesessen hatte, den man immer wieder rüttelte. Ihr Wille war damit gebrochen und der Prozess verlief nun nach der Vorstellung ihrer Peiniger reibungslos. Sie bestätigt ihr Geständnis gütlich und peinlich und wird am 19.1.1628 zum Tode verurteilt. In den Akten liest sich das wie folgt: *„Röhmin, Catharina von Bamberg ... 30.12.1627 Tortur: Zug mit Stein, gesteht ... 15.1.28 widerruft, 1½ Stunden Bock, gesteht wieder ...“* Ihre Mutter Catharina Haan war bei ihrer Verhaftung 47 Jahre alt. Der Verlauf ihrer Gefangenschaft entspricht dem ihrer Tochter: *„Häanin, Catharina zu Bamberg, Kanzlerin, von Mergenthal gebürtig, ... 5/4 Stunden Bock: gesteht. 3.1.28 widerrufen, 5.1. geschoren, 1½ Stunden Bock, gerüttelt, bekennt 16.1.28, ...“*

Am 10. Januar 1628 wurde vom Reichskammergericht zu Speyer tatsächlich ein Mandat zur Entlastung von Catharina Haan und ihrer Tochter erlassen, doch zu spät. Am 24. Januar werden die beiden Frauen hingerichtet. Der Fürstbischof erließ einen „Gnadenzettel“, d.h., dass sie vor dem Verbrennen enthauptet wurden. Der Kanzler kehrte am 20. Februar nach Bamberg zurück; seine erst 47 Jahre alte Frau hat er nicht mehr gesehen.

Bald wurde klar, dass der Prozess der beiden Frauen jedoch nur der Anfang war. Dr. Haan wird am 20. Mai 1628 selbst verhaftet. Am 26. Juni gesteht er seine Verführung durch den Teufel. Nach weiteren Verhören unter der Folter wird er am 14. Juli morgens um 4.30 Uhr mit dem Schwert enthauptet. Um 9.00 Uhr wurde der Leichnam auf einer Bahre weggebracht und verbrannt. Sieben Tage nach dem Vater, am 27. Mai, wird auch der Sohn Georg Adam verhaftet. Auch er wird am 14. Juli hingerichtet. Obwohl inzwischen kaiserliche Mandate vorlagen, ging man weiter gegen Familienmitglieder vor: Hingerichtet wurden im November 1629 nach peinlichem Verhör die Kanzlertochter Ursula Maria und zuvor im April 1629 Ursula, die Ehefrau des Kanzlersohnes Dr. Georg Adam Haan.

Die Möglichkeit, dass man einen Menschen durch harte Folter dazu bringen kann, Unwahrheiten zu gestehen, wollte man nicht einräumen. Es herrschte die Ansicht, dass ein Angeklagter unter schlimmsten Schmerzen immer die Wahrheit spreche, weil Lügen eine Todsünde war, die mit der Hölle bestraft wird.

Barbara Schwarz, die „Gänswirtin“ vom Grünen Markt

Barbara Schwarz stammte aus der Nähe von Kronach und hatte den Bamberger Hans Schwarz geheiratet, der am Grünen Markt das Gasthaus „Zur Gans“ betrieb. Sie war eine derbe Person, die kein Blatt vor den Mund nahm, und so kam sie in Streit mit einem Nachbarn, der sie als Hexe verleumdete. Im September 1627 wurde sie verhaftet und verhört. Laut Protokoll gab sie sich kämpferisch: „... *es sei ihr schon hierbevor übel ergangen, hätte immer viel arbeiten müssen.*“ Daraufhin wurde sie im Abstand von jeweils vier Tagen gefoltert. Gestanden hat sie nicht! Ab April des Folgejahres bekam sie nur noch einmal am Tag Wasser und Brot und immer wieder wurde sie unter Langzeitfolter genommen, um sie zu zermürben. So verbrachte sie am 22. Oktober 1628 laut Aktennotiz „*etliche Stunden in gefältet Stüblein*“, wohl eine Kammer mit einem scharfkantigen Bretterboden. Sie steht alles durch! Am 14. August 1629, also nach fast zweijähriger Haft wird sie in einem erneuten Verhör von den Hexenkommissaren ermahnt, weil sie „*sich in der haft ungeduldig*“ zeige. Sie fluchte, beschimpfte die Gefängniswärter aufs Übelste. Besonders schwerwiegend aber war, dass Barbara ihre Ketten durchgefeilt

Historische Aufnahme des Gasthauses „Zur Gans"
(zweites Haus von links)

hatte und man sie *„zum Ausreißen bereit gefunden."* Sie wird ausgepeitscht, *„schreit und ist sehr ungestüm, bleibt verstockt."* Am 20. Mai 1630 gelang ihr die Flucht. Wieder hatte sie ihre Ketten zerfeilt und kroch durch den Kamin, während die Wärter betrunken waren. Sie floh nach Regensburg, dem Tagungsort des Immerwährenden Reichstages und wandte sich um Hilfe an den Reichshofrat, der einen Schutzbrief ausstellt. Unterstützt wird die einfache Frau von einem gelehrten Widerstandskreis in Nürnberg, der sich um den ehemaligen Bamberger Ratsherren Flock gegründet hatte. (Vgl. Der tragische Kampf um Dorothea Flock, S. 95)

Zwei Tage später geht dieser Schutzbrief an den Mann der **„Gänswirtin"** nach Bamberg, der ihn an den Fürstbischof weiterleiten soll. Er solle auch fragen, ob sich der Fürstbischof an diesen Schutzbrief halten wolle, andernfalls solle Barbara, die inzwischen wieder in Bamberg war, sofort nach Regensburg zurückkehren. Doch Hans Schwarz hatte inzwischen ein Verhältnis mit seiner Köchin angefangen und war nicht sonderlich erfreut über die Rückkehr seiner längst tot geglaubten Frau. Dringend ermahnte man ihn, sich wie ein treuer Ehemann zu benehmen und zu seiner unschuldigen Frau zu stehen. Die Köchin sah ihre Felle davonschwimmen und deutete an, dass sie die Nebenbuhlerin bei den Kommissaren wieder belasten wolle, um sie los zu werden. Im August 1630 wird Hans Schwarz befragt, *„ob er solch sein Weib widerumb wie zuvor auf und annehmen wolle?"* Er gibt sich jedoch zögerlich: *„Er wisse selbst nicht wie ers machen solle, dann wann er sein weib widerumb annehmen sollte, so würde es ihme schwer fallen, in Ansehung sie unzweifentlich henkermäßig gefragt und torquiert* (gefoltert) *worden, dahero es ihm in seiner Ehe praeiudicirlich sein möchte, zumalen weil er ein Wirth, ihme solches Schmälerung und bei den Gästen Nachteil geböhren möchte, ..."* Doch wahrscheinlich nimmt er Barbara wieder auf, denn am 4. Februar 1631 wird er erneut bei den Kommissaren vorstellig, mit der Bitte, seine Frau wieder zu verhaften, sie vertreibe ihm die Gäste. Doch der kaiserliche Schutzbrief ließ die Kommissare von einer Überstellung ins Gefängnis absehen. Man wolle erst abwarten, wie der Reichshofrat entscheide. Aber zur Vermeidung allen Unheils *„wird die Beklagte im Wirtshaus angeschlossen."* Am 8. Februar hatte man sich offensichtlich anders entschieden, denn von diesem Tag an taucht sie wieder als Gefangene in den Speisekostenabrechnungen der Hofkammer auf. Noch in den Septemberrechnungen liest man ihren Namen. Sie gehörte vielleicht zu den letzten 10 überlebenden Personen, die im Winter 1631 beim Einzug der Schweden in Bamberg aus dem Malefizhaus entlassen wurden. Ihre Spur verliert sich im Dunkel der Geschichte.

Der tragische Kampf um Dorothea Flock

Dorothea stammte aus der einflussreichen Nürnberger Familie Hofmann und heiratete 1628 den Bamberger Ratsherren Georg **Flock**, dessen erste Frau wenige Monate zuvor wegen Hexerei hingerichtet worden war. Mit ihrer Heirat konvertierte Dorothea zum katholischen Glauben, behielt aber das Nürnberger Bürgerrecht. Ein gutes Jahr später verhaftete man sie wegen Ehebruchs, dessen sie in einem anonymen Brief beschuldigt wurde. Ihr Ehemann vermutete darin einen Racheakt des Oberschultheißen gegen ihn selbst. Dorothea gelang die Flucht aus der Haft, doch wurde sie rasch wieder eingefangen und nun wegen Hexerei eingesperrt. Sie war 22 Jahre alt und schwanger.

Der Ehemann, gegen den ebenfalls schon ermittelt wurde, floh zur Familie seiner Frau nach Nürnberg. In der freien und protestantischen Reichsstadt war er sicher. Von hier versuchte er über Monate hinweg alles, um seine Frau aus der Haft zu befreien. In den ersten Schreiben widerlegte die Familie alle Indizien des angeblichen Ehebruchs und der Hexerei. Inständig bat man darum, die Schwangere nur gütlich zu verhören, denn inzwischen hatte man schon mit der Folter begonnen. Außerdem baten die Angehörigen, Dorothea wegen der Kälte (es war Dezember) bis zur Entbindung in ihre Wohnung oder einen anderen geeigneten Ort zu verlegen. Daraufhin kam sie aus dem Hexenhaus in die Alte Hofhaltung.

Inzwischen sammelte die Familie in Nürnberg einflussreiche Patrizier um sich, die sich gemeinsam für Dorothea einsetzten. Diese Gruppe schrieb an den Fürstbischof, man möge Dorothea begnadigen, weil sie noch sehr jung und keine Bamberger Bürgerin sei. Und selbst, wenn sie in das Hexenlaster geraten sei, könne sie durch die Beichte davon befreit werden, „*was ohne Zweifel der römisch-katholischen Religion zur Ehre gereichen würde.*“

Alle Hebel setzt man in Bewegung: Die Fürsprecher, an der Spitze immer der Ehemann, wandten sich an die Kapuziner in Würzburg und baten, sich dafür einzusetzen, dass man Dorothea die Beichte ermögliche. Der Guardian schreibt an den Bamberger Fürstbischof, dass „*in Nürnberg viele katholisch wollen werden, tun es aber nicht, weil sie sagen, der Flöckin geschehe alles, weil sie konvertiert sei.*“ Die Beichte wird Dorothea nicht gestattet. Daraufhin wendet sich die Familie an den Orden der Franziskaner. Ein Schreiben des Nürnberger Guardian geht nach Bamberg an einen Domherren: „*... Durch Verweigerung der Gnade würde sicher die Stadt Nürnberg sehr erbittert werden. Der Rath soll sich geäußert haben, wenn so viele Fürbitten erfolglos wären, so gleiche das Bamberger Gericht der Hölle, aus der es keine Erlösung gebe.*“ Ließe hingegen der Fürstbischof Gnade walten, so wäre zu hoffen, dass derselbe sich dadurch hohes Lob und die Zuneigung der Bürger von Nürnberg erwerbe. Am selben Tag schrieb auch der Rat der Stadt Nürnberg an den Fürstbischof. Hier wird ebenfalls erwähnt, dass „*in Nürnberg die Rede geht, Gott habe die Pflockin verlassen, weil sie katholisch wurde.*“

Alle Bittbriefe waren umsonst, nichts geschah! Die Zeit drängte, die Geburt des Kindes rückte immer näher. Nun entschlossen sich die Verwandten in Nürnberg, gerichtliche Schritte einzuleiten. Man rief den Reichsgerichtshof in Wien an. Hier wurde ein Mandat erlassen, das Dorothea einen Anwalt zugestand, der das Verfahren noch einmal aufrollen sollte. Dieses kaiserliche Mandat schickte der Notar der Familie an den Bamberger Bischof. Keine Antwort! Schriftlich bat man erneut um ein Rückschreiben. Wieder keine Reaktion aus Bamberg! So wandte man sich wiederum an den kaiserlichen Gerichtshof in Wien, der einen Schutzbrief für das Ehepaar Flock ausstellte. Voller Hoffnung sandte die Familie dieses Schreiben nach Bamberg, das nun doch für etwas Unruhe sorgte. Dorothea freilassen hätte jedoch ein Schuldeingeständnis bedeutet und einen Rattenschwanz von weiteren Beschwerden anderer Inhaftierter nach sich gezogen. Wie also sich aus der Affäre ziehen?

Der Fürstbischof schreibt an den Wiener Hof zu seiner Rechtfertigung: Die Kerkerhaft sei gelindert worden, wie das auch bei acht anderen schwangeren Frauen geschehen sei. Den Zutritt des Advokaten halte er für unnötig. Das gäbe es auch andernorts nicht. Die Indizien würden nicht herausgegeben, solange der Prozess noch andauere. Die Vorwürfe der Güterkonfiskation seien unwahr. Es sei bisher in solchen Fällen aus dem Vermögen der Verurteilten nur das *„zur Deckung der schweren Unkosten Nöthige“* eingezogen worden.

Inzwischen hatte Dorothea – wahrscheinlich in der Alten Hofhaltung – entbunden. Die Geburt fiel in die ersten Märzwochen. Nach gut einem Monat nahm man der jungen Mutter das Kind, eine gesunde Tochter, und gab es in die Obhut des Bamberger Ratsherren Pankraz Lorenz. Nun waren die Gründe für die mildere Haft entfallen und man brachte Dorothea zurück ins Hexengefängnis. Wieder lag sie – trotz ihrer Schwachheit nach der Geburt – in Ketten. Der Prozess sollte nun so rasch wie möglich beendet werden, in der Hoffnung, dass sich der Wirbel danach schnell wieder legen möge.

Ehemaliges Wohnhaus der Familie Flock, Lange Straße 32

Der Fürstbischof wollte den Reichsgerichtshof auf seine Seite bringen und beendete sein oben genanntes Schreiben: *„Solche prozesse habe ich allein zur Ausbreitung und beförderung der Ehre Gottes und zum Heile vieler verführter seelen … rechtmäßig geführt, so dass ich vor Gott, euer römisch-kaiserlichen Majestät und der lieben justizia rechenschaft und antwort zu geben mir getraue. Demgemäß lebe ich in der untertänigsten Hoffnung und stelle zugleich die gehorsamste Bitte, eure römisch-kaiserliche Majestät wollen mich bei diesem … begonnenen, gerechten und sehr notwendigen Werk … mit neuerungen allergnädigst verschonen, welche bisher im römischen Reich bei solchen Verbrechen niemals zugelassen worden … und dem Supplikanten* (Bittsteller) *und anderen, die ihm anhängen, kein gnädigstes Gehör mehr geben.“*

Der Schuss ging nach hinten los, denn daraufhin erließ der Reichsgerichtshof ein verschärftes Mandat zugunsten von Dorothea. Es dürfe mit der Gefangenen, die inzwischen wieder der Folter unterlag, nichts mehr geschehen, bis sie mit einem Advokaten gesprochen habe und die Indizien bekannt seien. Inzwischen hatte Dorothea unter der Folter ihre Schuld als Hexe gestanden

und war zum Tode verurteilt worden. Wieder mißachtete man alle kaiserlichen Mahnschreiben und auch die vielen Bitt- und Drohbriefe aus Nürnberg. Die Mitteilung und das Hinrichtungsdatum 17. Mai 1630 wurden der Familie in Nürnberg überstellt. In einem letzten Rettungsversuch wandte sich die Familie an den Päpstlichen Stuhl in Rom. Und tatsächlich erging von höchster kirchlicher Stelle, vom päpstlichen Notariat ein Schreiben zugunsten der *„edlen und jungen Frau Flock"*, in dem ein päpstliches Dekret (Beschluss, Erlass) angekündigt wird. Sofort schickt man diese Nachricht nach Bamberg mit der Bitte um Aufschiebung der Hinrichtung, bis das päpstliche Dekret einträfe. Der Bote erreichte Bamberg am geplanten Hinrichtungstag frühmorgens um 6.15 Uhr. Nach einem Aktenvermerk waren die Herren des Bamberger Rats um 5.45 Uhr in das Malefizhaus gekommen und sollen dort das Todesurteil der Angeklagten noch einmal vorgelesen haben. Um 6.00 Uhr wurde Dorothea im Malefizhaus geköpft. Der Nürnberger Bote, der inzwischen angekommen war, hatte sein Schreiben ausgehändigt, habe aber nichts davon gesagt, dass *„periculi in mora"* (Gefahr in Verzug) sei. Deshalb habe man das Schreiben erst um 6.45 Uhr dem Fürstbischof zugestellt. Da war Dorothea schon tot. Ganz gegen übliches Verfahren hatte man sie bei Morgengrauen im Gefängnis unter Ausschluss der Öffentlichkeit geköpft, obwohl Hexen in der Regel ausschließlich öffentlich verbrannt und nicht enthauptet wurden!
Tatsächlich folgte wenig später ein päpstliches Dekret zur Freilassung von Dorothea Flock, dem sich der Fürstbischof nicht hätte widersetzen können. Nun aber lag die Schuld am Tod der jungen Frau beim Nürnberger Boten. Keinesfalls hatte der Bischof wissentlich den Brief missachtet, so wurde nun behauptet.

Was den Ehemann betraf, so fragte er nun in Bamberg nach, ob man den kaiserlichen Schutzbrief für ihn anerkennen wolle und er seine Güter verkaufen dürfe, die ihm in Bamberg gehören. Außerdem bat er um sein Kind. Wieder kam keine Antwort aus Bamberg. Ob er seine Tochter jemals zu Gesicht bekam, ist nicht überliefert. Er wurde einer der aktivsten Gegner der Hexenverfolgungen in Bamberg, der nun einen „Nürnberger Widerstandskreis“ bildete und letztlich mit dafür sorgte, dass dem Ganzen ein Ende bereitet wurde. Dies gelang am Kurfürstentag zu Regensburg 1630. Der Kaiser nahm daran teil und erließ gegen die Bamberger Delegierten ein Mandat (Weisung). An weitere Hexenverfolgungen war ab diesem Zeitpunkt in Bamberg nicht mehr zu denken.

(Die genaue Erforschung der vorliegenden Fälle verdanken wir der im Jahr 2000 erschienenen Dissertation von Britta Gehm „Die Hexenverfolgung im Hochstift Bamberg ...“ Die genannten Frauen und ihr Schicksal sind damit endgültig dem Vergessen entrissen!)

Margaretha Stahl und die stahlsche Schwesternstiftung

Margaretha war die zweite Frau des fürstlichen Kammersekretärs Johann **Stahl** und erbte nach seinem Tod das Anwesen Dominikanerstraße 7.

Sie verkauft das kleinere Hinterhaus an der Ringleinsgasse. Das große Vorderhaus und ihr gesamtes Vermögen vermacht sie einer Stiftung für arme Jungfrauen und Witwen. Der Stiftungsbrief stammt vom 26. März 1651, auch wenn das Schwesternhaus offiziell erst 1669 eingeweiht wurde. Diese Stiftung hatte außer dem Haus keinen großen Grundbesitz und war zunächst für acht Schwestern gedacht, später wurde zusätzlich eine Magd bewilligt. 1744 kauften sich noch einmal zwei Schwestern ein, die allerdings die notwendigen Umbauten ihrer Zimmer selbst bezahlen mussten. 1767 konnten durch eine testamentarische Verfügung einer Bäckerswitwe zwei weitere Schwestern aufgenommen werden, die in den Rechnungen immer als die „Beckenschwestern“ bezeichnet werden. Die Stiftung trug sich aus dem Stiftungsvermögen, Spenden aus dem Nachlass der verstorbenen Schwestern, deren halbes Vermögen nach den Stiftungsstatuten automatisch an die Stiftung fiel und nicht zuletzt aus den Zinsen verliehenen Kapitals.

Margaretha Stahl, Ölgemälde 1650

1804 ging das Haus im Zuge der Säkularisierung an Bayern und wurde im Folgejahr an privat verkauft. Die Schwestern mussten ausziehen und – wie Schwestern anderer Stiftungen auch – ins aufgehobene Karmelitenkloster auf den Kaulberg übersiedeln. Die somit „Vereinigten Schwesternhäuser“, bestehend aus den Eckenschwestern, den zwei zollnerschen Schwesternhäusern, dem Langheimer und dem domkapitelschen Schwesternhaus wurden zu einer *„Pflanzschule für Krankenpflegerinnen“* umgewandelt. Die Einzelstiftungen wur-

den nun gemeinsam verwaltet. Gleichzeitig wurde das ehemalige Kloster als Infanteriekaserne genutzt, eine unmögliche Situation! Nach mehreren vergeblichen Versuchen, ihre Selbstständigkeit wieder zu erlangen, wurden die stahlschen Schwestern 1839 durch ein königliches Reskript (Erlass) wieder in ihre alten Rechte eingesetzt. 1841 verließen sie das ehemalige Kloster (die Frauen der anderen Schwesternhausstiftungen blieben noch bis 1858) und bezogen zunächst ein Haus in der Judenstraße. 1865 kauften sie für 13.500 Gulden ein prachtvolles Palais in der Eisgrube, das nach einigen Umbauten ihre neue Heimstatt wurde. 1978 wurde die stahlsche Schwesternhausstiftung mit anderen gleichartigen Stiftungen zur „Schwesternhausstiftung Bamberg" zusammengezogen und 2001 aufgelöst.
Von der Stifterin Margaretha Stahl existiert ein Porträt aus dem Jahr 1650. Es zeigt uns eine wohlgenährte Frau in bürgerlicher Kleidung mit modischem Faltenkragen, einer so genannten Kröse. Diese sehr aufwendige und für die Trägerin lästige Kragenform war Mitte des 16. Jahrhunderts aus der spanischen Hoftracht übernommen worden und setzte zu einem Siegeszug durch ganz Europa an. In der Zeit, als das Bild von Margaretha Stahl entstand, war die Mode gerade an ihrem Endpunkt angekommen. Die fromme Stifterin hat die Hände über einem Rosenkranz gefaltet. Vor ihr steht auf einem Tisch ein Kruzifix. Im oberen rechten Bildeck ist zu lesen: *„Margaretha Stehlin / Ihres Alters im 63. Jahr / Anno 1650."* Eine lange Inschrift am unteren Rand des Bildes gibt folgende Auskunft: *„Gott dem Allmächtigen und der Jungfrauen zu Lob, dan meiner und meiner beeden in Gott ruhenden Ehewirthen Seelen zum Trost hab ich Margaretha Stehlin dieses Haus gestifftet allen Schwestern, bedeutend daß jede schuldig sey,*

Ehemaliges stahlsches Schwesternhaus in der Eisgrube

täglich von uns 20 Vatter unser und Ave Maria mit einem Glauben zu betten: vörderist sich in aller Liebreich und Gottseeligkeit also zu verhalden, daß Gott an meiner Stiftung desto größeren Gefallen haben und uns dafür das ewige Leben gebe möge."

Im Stiftungsbrief von 1651 lässt Margaretha Stahl vermerken, dass dieses Bild auch nach ihrem Tod im Haus verbleiben und in der unteren Stube aufgehängt werden solle, „*darmit die schwestern sich der ihnen vorgeschriebenen reguln umb desto besser erinnern, selbige vleisig halten, und in sonderheit, was under gedachtem bild geschrieben steht, wol betrachten und in gute obacht nehmen sollen.*"

Nach einer Rechnung wurde das Bild ein erstes Mal 1720 renoviert. 1833 ist eine erneute Überarbeitung nötig. Sie wird auf dem Bild vermerkt. Zu Füßen des Gekreuzigten wurde niedergeschrieben: „*Renov M.C.B. 1833*". Hinter diesen Initialen versteckt sich Maria Christine Berg. (Die Kunstdenkmäler von Oberfranken, Stadt Bamberg, Immunitäten der Bergstadt, Band 1: Stephansberg, 2003)

Zu Beginn des 18. Jahrhunderts wird unter Fürstbischof Lothar Franz von Schönborn die Neue Residenz auf dem Domplatz gebaut und nahezu gleichzeitig die Langgasser Kaserne am Schönleinsplatz. Es entstehen prachtvolle Bürgerpalais, Brücken und Plätze. Bamberg erhält sein heutiges barockes Antlitz. 1771/72 herrscht Getreidenot. 1773 wird die Gesellschaft Jesu (der Jesuitenorden) aufgelöst. 1784 wird die Stadt vom verheerendsten Hochwasser ihrer Geschichte heimgesucht und ab 1786 entsteht das Allgemeine Krankenhaus.

Amalie von Rotenhan und Anna von Rehling kämpfen um die Bildung der Mädchen

Im 17. Jahrhundert gab es eine Frau, die sich in den Kopf gesetzt hatte, ausgerechnet nach dem Vorbild der Jesuiten die Seelsorge zu unterstützen und eine bisher unzureichend geförderte weibliche Jugend zu erziehen.
Das junge Mädchen – ihr Name war Mary Ward – lebte zur Zeit erbitterter Katholikenverfolgung in England unter Königin Elisabeth I. Ihre Großmutter verbrachte vierzehn Jahre in Haft. Mary floh nach St. Omer in Flandern und trat dort in die Klausur eines Klarissenklosters ein. Sie erkannte jedoch bald, dass dieses Kloster nicht ihrer eigentlichen Berufung entsprach und gründete 1611 gemeinsam mit weiteren Glaubensflüchtlingen die Ordensgemeinschaft der Englischen Fräulein. Sie plan-

te einen Zusammenschluss von Frauen ohne Klausur und nur unmittelbar dem Papst unterstellt. Mary scheiterte jedoch mit ihrem Projekt am Unverständnis der Zeit. Für Frauen gab es nur die Wahl „Mann oder Mauern". Ihr Institut wurde 1631 vom Papst aufgehoben. Mary kehrte mit einer kleinen Gruppe von Gefährtinnen nach England zurück und wurde nun als Ketzerin verfolgt.

Auf dem Festland jedoch waren vor allem in Bayern inzwischen etliche Schulen unter der Leitung von Frauen entstanden, die sich unter dem Schutz einzelner Bischöfe, vor allem aber weltlicher Landesherren einen guten Ruf erwerben konnten. 1703 wird durch Papst Clemens XI. die Regel anerkannt, doch es gab nach wie vor Streit über die Leitung dieses Frauenordens. 1749 kommt es durch Papst Benedikt XIV. zur Schlichtung, und die Gemeinschaft wurde endgültig kirchlich anerkannt, durfte sich jedoch nicht auf ihre Gründerin berufen. Erst 1909 wird sie durch Papst Pius X. als Stifterin rehabilitiert. Für Mary Ward stand von Beginn an fest, dass sie ihre Gemeinschaft wie die Jesuiten nach dem Namen Jesu benennen wollte. Dies scheiterte gemeinsam mit ihrem gesamten Lebenswerk. So gab sie ihren Schwestern gar keinen Namen und deshalb konnte es später zu einer Fülle von verschiedensten Bezeichnungen kommen. Doch seit dem 30.1.2004 dürfen sich die Schwestern als Mitglieder der „Congregatio Jesu" bezeichnen.

1705, zwei Jahre nach Anerkennung der Regel, kam im Kreise adeliger Damen die Idee auf, Englische Fräulein auch nach Bamberg zu holen. Diesem Kreis gehörte **Baronin Amalie von Rotenhan** an, die sich ab 1708 zur Wortführerin macht. Die Adelsdamen hatten von den Lehrinstituten für Mädchen von Baronin Giel aus Augsburg gehört. Dort waren Schwestern schon gerau-

Anna von Rehling, erste Oberin, und Amalie von Rotenhan, Förderin des Instituts der „Englischen Fräulein“

me Zeit ansässig. Ein lebhafter Briefwechsel zwischen Augsburg und Bamberg entstand. In diesen Briefwechsel schaltete sich auch die Augsburger **Oberin Anna von Rehling** ein. Doch die Stimmung in der Bamberger Männerwelt rund um den Fürstbischof ist alles andere als positiv. 1716 reist Anna von Rehling von Augsburg nach Bamberg, um hier, vom Palais Rothenhan in der Kapuzinerstraße aus, in endlosen Verhandlungen mit dem Bischof, dem Domkapitel und der weltlichen Stadtregierung alle Bedenken zu zerstreuen. Die Bedingungen, unter denen Fürstbischof Lothar Franz von Schönborn die Niederlassung erlaubte, sind erhalten. In ihnen klingt jenes Misstrauen an, dass man jeher Mary Wards Gründungen entgegenhielt. Sie sollten sich ausdrücklich verpflichten, jede Bemühung um Unabhängigkeit vom Heiligen Stuhl zu unterlassen oder eine solche Unabhängigkeit – so sie denn je angeboten würde – anzunehmen. Vielmehr mussten sie sich der Jurisdiktion des

Bischofs unterwerfen und seinem Vikar Gehorsam leisten. Auch der Unterhalt der Frauen macht dem Bischof Sorgen. So sollte einmal im Jahr eine Hauswirtschaftsrechnung vorgelegt werden und die Frauen mussten sich mit Visitationen einverstanden erklären. Ferner durfte die Anzahl von sechs Lehrschwestern nicht ohne seine Einwilligung erhöht werden.
Am 25. Juni 1716 erhält Anna von Rehling die Zusage, das Institut gründen zu dürfen. Sofort erwirbt sie zwei Häuser und einen Garten am Holzmarkt und kehrt dann ins Mutterhaus nach Augsburg zurück. Im Juni 1717 trifft Anna als Gründungsoberin mit weiteren sechs Schwestern wieder in Bamberg ein. Die Bevölkerung unterstützt die Frauen durch Schenkungen, dennoch haben es die Englischen Fräulein nicht leicht. Besserung tritt erst ein, als die wohlhabende Bürgermeisterswitwe Sattelberger das Institut zur Universalerbin einsetzt und die erblindete Schwester des Fürstbischofs Franz Ludwig von Erthal die Fürsorge, die man ihr jahrzehntelang am Holzmarkt erwiesen hat, mit einem großen Legat (Vermächtnis) dankt. Heute ist die Bamberger Niederlassung mit über 50 Schwestern die größte in Deutschland. Anna von Rehling starb 1737 und wurde in der Gruft der von ihr erbauten Kirche beigesetzt.

Der Bourdaloue – heimlicher Helfer für Adelsdamen in Bedrängnis

Die Englischen Fräulein siedelten sich in direkter Nachbarschaft der Jesuiten an, deren Regel sie für sich übernahmen. Letzere waren hervorragend gebildete Priester und rhetorisch außerordentlich geschliffen. Das machte ihre Predigten zu Ereignissen, die das Volk massenweise anzogen. So auch in der Pariser Jesuitenkirche St. Paul-St. Louis im Quartier Marais. Dieses Stadtviertel war Schauplatz des höfischen Lebens unter Henri IV. Hier wohnte alles, was Geist, Kunstsinn und Titel besaß. Die Predigten wurden wortgewaltig und pompös gestaltet. Doch das allein war es nicht, was die Massen vor allem weiblichen Publikums anzog, wenn **Pater Louis Bourdaloue** (1632–1704) predigte. Er hatte wohl eine besondere Aura und vermutlich sah er schlichtweg gut aus! Bereits um fünf Uhr in der Frühe begaben sich die Diener in die Kirche, um für die Herrschaft Plätze für die Predigt zu belegen, die nachmittags um drei Uhr begann. Um diese Plätze nicht zu verlieren, drängten sich schon Stunden vor Beginn die Adelsdamen in den ersten Reihen. So konnte es leicht geschehen, dass ein dringendes Bedürfnis das Verlassen des Platzes verlangte. Um dieser Gefahr zu entgehen, trug man ein ausschließlich für den Gebrauch von Frauen entwickeltes Porzellangefäß im Muff oder Ärmel mit sich, das über die Notlage hinweghalf. Nach Gebrauch wurde der „Pot de chambre“ von einem Diener geholt oder man schob ihn unter die Kirchenbank. Dieses Nachtgeschirr war in der Regel mit pikanten und obszönen Darstellungen bemalt

Bourdaloue, Meißen um 1740
Sammlung Ludwig, Altes Rathaus Bamberg

und sehr kostbar. Deshalb nannte man diese ausgefallenen Gefäße nicht einfach Nachttopf, sondern gab ihnen den Namen des herrlichen Predigers, der für ihre Notwendigkeit sorgte: BOURDALOUE! Pater Louis wäre wohl nicht erfreut, wenn er das wüsste.
Ein Exemplar eines Bourdaloue befindet sich in der Bamberger „Sammlung Ludwig", einer der bedeutendsten privaten Porzellansammlungen Europas, im Alten Rathaus.

Franziska Böttinger und das barocke Leben

Franziska Apollonia Theresa Maria Böttinger (1680–1762) war die einzige Tochter des sehr reichen fürstbischöflich-würzburgischen Hofrates Heilig. Sie heiratete am 6. Juni 1701 im Alter von 21 Jahren in der Würzburger St.-Peterskirche einen Bamberger Geheim-

Franziska Böttinger gemalt von J. Kupetzky 1. Hälfte 18. Jahrhundert

rat. Ihr Mann, der 26-jährige Johann Ignaz Tobias Böttinger, stand am Beginn einer glänzenden Karriere am fürstbischöflichen Hof in Bamberg. So konnte die junge Familie bereits 1712 ein prachtvolles Palais in der Judenstraße beziehen, in dem die ersten von insgesamt zehn Kindern geboren und getauft werden. Etwa 1720/21 erfolgt der Umzug in ein geräumigeres und noch anspruchsvolleres Stadtschloss, das direkt an der Regnitz liegt. Die Familie war inzwischen angewachsen, und die Wohnlage in der Judenstraße entsprach nicht mehr dem Repräsentationsbedürfnis.

Die Gasse war eng und der Gestank des Abfalls auf der Straße besonders im Sommer unerträglich. Die unteren Räume des Palastes waren dunkel, der Lärm der Pferdekutschen in der schmalen Straße außerordentlich störend. Das waren die Gründe, weshalb das Piano nobile, die Beletage des Hauses, im zweiten Obergeschoss lag. Damit wollte man diesen Unannehmlichkeiten ausweichen.

Umso angenehmer war das neue Haus am Fluss, die heute so genannte Villa Concordia: kein Durchgangsverkehr durch die Lage am Ende der Straße, frische Luft vom Fluss und viel Sonne im prachtvollen Terrassengarten. Hier – so könnte man meinen – ließ es sich gut leben. Doch das barocke Leben hatte so manche Schattenseiten. Die prachtvollen Kleider konnten nicht gewaschen

Das Böttingerhaus in der Judenstraße

werden, und um den Körpergeruch zu übertönen, verwendete man stark riechende Parfums. Sie förderten die häufigen Ohnmachten, die in der Regel wegen Kreislaufbeschwerden durch zu starke Schnürungen der Kleider auftraten. Man trug unbequeme Perücken, verfettet und verschwitzt, in denen sich zahlloses Kleingetier wohl fühlte. Deshalb wurden die Haarpracht ständig gepudert, was wenig half. Gegen den Juckreiz auf der Haut hatte man kleine Porzellanhände an Bambusstäben, mit denen man unter die Gewänder fahren konnte, um zu kratzen. Gegen die Flöhe hängte man in das Gestänge der Reifröcke Flohfallen: kleine, durchlöcherte Porzellankugeln mit Blut und Honig gefüllt. Wie schrieb Lieselotte von der Pfalz so treffend: „*Madame sein ist ein elendes Handwerk.*" Die Frauen gehobenen Standes waren weitgehend zur Untätigkeit verdammt. So kämpfte man gegen Fettleibigkeit und die damit verbundenen Beschwerden. Wieder Lieselotte von der Pfalz: „*Die Leute hier sind so lahm wie die Gänse und ... ist keine Seel, so zwanzig Schritte tun kann ohne schwitzen und schnaufen.*" Auch Liselotte leidet daran: „ ... *zudem ist meine Taille monstreuse dick. Ich bin so viereckt wie ein Würfel, meine Haut ist rotlich, mit Gelb vermischt. Bin also, die Wahrheit zu bekennen, gar eine wüste häßliche Figur.*" Und mit gewisser Selbstironie bemerkt sie: „*Obwohl ich zwar gar dick bin, so hindert mich doch nicht am Jagen. Ich reite große Pferde, so mich wohl tragen können.*" Das prachtvolle Barockzeitalter, das man sich mit traumhaften Porzellanen, märchenhaften Kleidern, großartigen Festen und wunderschöner Musik vorstellt, hatte also durchaus auch andere Seiten.

Der ungesunde Lebenswandel führte zu manchen Krankheiten, die Geburten zahlloser Kinder trugen das ihre dazu bei. Franziska Böttinger war offensichtlich von Krankheiten geplagt, denn fast 20-mal stiftet sie wertvolle Votivgaben an die Maria der Oberen Pfarre, die für Gesundheit und gegen Frauenleiden zuständig war. Es sind kleine Abbilder von Zungen, Augen, Brüsten, Füßen, Händen und einmal eine ganze Frauenfigur, die auf bestimmte Leiden an diesen Körperteilen schließen lassen. Besonders gehäuft sind die Votive im Jahr 1714. Dies könnte auf eine schwere Schwangerschaft mit einem Sohn hinweisen, den sie bei der Geburt verlor. Die Sterbematrikel der Oberen Pfarre belegen in diesem Jahr außerordentlich viele Todesfälle durch „hitzige Krankheiten", vielleicht Kindbettfieber. Franziska fürchtete um sich und ihre Familie.

1730 stirbt im Alter von 55 Jahren Ignaz Tobias Böttinger an einer *„obgehabten schwer und schmerzhaften Krankheit“*. Er befand sich zu diesem Zeitpunkt in Nürnberg, wo er sich beruflich sehr häufig aufhielt. Nachts wird er auf einem mit Fackeln besetzten Trauerwagen nach Bamberg gebracht und tags darauf in der Familiengruft in der Oberen Pfarre beigesetzt. Er hinterließ Frau und Kinder in soliden Vermögensverhältnissen. Zwei prächtige Palais in der Stadt, ein großes Gartengrundstück am Milchweg mit zwei Pavillons, einen Weinberg nahe der Altenburg mit einem Bauernhof (Rothof), je ein Gut in Stegaurach, Debring und Kollmannsdorf, Kapitalien, die in Nürnberg angelegt waren, Silber, bares Geld, Wein, Weißzeug, Bilder, eine große Bibliothek, Zinn- und Kupfergegenstände nannte Franziska nun ihr Eigen. So liest man zu Recht in einem Schreiben vom 5. Oktober 1730 an den Fürstbischof, *„dass des geheimen Raths Böttingers hinterlassene wittib eine wohlhabend reiche Frau seye.“* Doch wie gewonnen, so zerronnen. Schon die Enkelgeneration hatte das Vermögen durchgebracht und heute ist der Name Böttinger lediglich noch durch das gleichnamige Haus in der Judenstraße bekannt.

Das Böttingerhaus in der Judenstraße
Magasin pittoresque, 19. Jahrhundert

Elisabeth Christine von Braunschweig – zukünftige Kaiserin von Österreich – und ihre Konversion im Bamberger Dom

Am 1. Mai 1707 findet im Bamberger Dom der feierliche Übertritt der protestantischen Prinzessin **Elisabeth Christine von Braunschweig** zum Katholizismus statt. In ihrem späteren Leben hat sie das sicher des Öfteren bereut.

Elisabeth Christine wurde 1681 geboren und von ihrer Großmutter zu einer überzeugten Protestantin lutherischer Prägung erzogen. Ab 1704 hegt ihr Großvater jedoch den Plan, das Mädchen mit dem jüngeren der beiden Kaisersöhne, König Karl III. von Spanien zu verheiraten. Der Wiener Kaiserhof zeigte sich nicht begeistert, denn neben den konfessionellen Problemen galt Elisabeth als kränkelnd. Also wurden Unterhändler eingesetzt, die die ersten Fäden spinnen sollten. Hie und da wurden nun in der gehobenen Gesellschaft in Wien Porträts der Prinzessin gezeigt. Man hütete sich jedoch sorgsam, schon jetzt die Damen am Hofe ins Spiel zu bringen: „ ... *den Frauenzimmern könne nicht viel vertrauet werden wegen ihres naturalen Defekts der Verschwiegenheit*“, so der dänische Gesandte Baron Johann Christoph von Urbich. Der gleiche Herr schreibt im August 1705: „*Ihre Durchl. sind weiß, haben ein schön silberfarbigt Haar, ein wohl proportioniertes oval Gesicht, ... eine erhobene Brust und einen schönen geraden Leib, welcher, wenn er vollends ausge-*

wachsen, eine schöne lange Taille ausmachen wird. ...Was das Gemüt angeht, kann es unmöglich verbessert werden. Sie ist gottesfürchtig, gnädig gegen jedermann ...was die Gesundheit betrifft, habe ich damals solche vollkommen gefunden. In Summa, ich wüßte nichts Tadelhaftes an Ihrer Durchl. zu finden. ...“

Elisabeth Christine von Braunschweig als Witwe

Kurz zuvor hatte Elisabeth schriftlich ihre Bereitschaft zur Konversion erklärt. Sie war vierzehn Jahre alt und gerade konfirmiert. Leicht ist ihr die Entscheidung nicht gefallen, wie aus den zeitgenössischen Quellen hervorgeht. Die Nachricht löste eine Welle der Entrüstung in der protestantischen Welt aus. Es erschien eine Streitschrift „Aktenmäßiger Bericht von der Religionsveränderung der Prinzessin Elisabeth von Braunschweig“. Sie beginnt mit folgender Feststellung: *„Die Protestantischen Fürsten (schmerzlich, aber wahr, dies bekennen zu müssen) behandeln nun, seit anderthalb hundert Jahren und je länger je mehr, die Religion nur noch, wie ihre Garderobe. So wenig Mühe es sie kostet, Sommer- und Winterkleider zu wechseln, so wenig Bedenken finden sie, von einer Kirche zur andern überzugehen ... Sie betrachten die Religion, wie jede andere Ware, die dem feil ist, der sie am besten bezahlt ...“*

Im August 1707 erscheint eine Beschreibung der „Abschwerung der wahren seligmachenden lutherischen Religion, den 1. Mai 1707 zu Bamberg geschehen von der Durchlauchtigsten Prinzessin Elisabeth Christine, Herzogin von Braunschweig". Darin liest man: *„Diese Blätter beweisen Euch leider! Wie die arme evangelische Kirche ... über die Verführung zum Papstthumb und Verlust einer sonst hoch-tugend-begabten Standesperson abermahl zu seuffzen und Klagelieder anzustimmen Ursach hab."*

Selbst Elisabeths Mutter war gegen den Übertritt, musste sie doch nach landläufiger Überzeugung davon ausgehen, die Tochter der ewigen Verdammnis zuzuführen. Elisabeth selbst empfand es phasenweise ähnlich und geriet unter schweren seelischen Druck. So schickt man ihr im August 1705 den persönlichen Beichtvater des zukünftigen Bräutigams Pater Tönnemann, der ihren Zustand stabilisieren sollte. Mit ihm reiste zur Überprüfung der Gesundheit der jungen Braut der Leibarzt des Bamberger Fürstbischofs Lothar Franz von Schönborn. Er schreibt: *„Sie ist schön, ebenmäßig blond, hat große braune Augen. ... Das Temperament scheint sanquino phlegmatis, so mit dem österreichischen sanquino cholerico ein erwünscht temperiertes pactum ausmachen könnte."*

Am 1. Mai 1707 wird der Übertritt zum Katholizismus offiziell von Lothar Franz von Schönborn im Dom zu Bamberg vollzogen. Elisabeth reiste von Wolfenbüttel über Duderstadt und Erfurt und kommt am Morgen des 29. April in Bamberg an. *„Der Kurfürst hatte soviel vermerket, der Kaiser möchte es gerne sehen, dass die Prinzessin in des Geheimen Rates, Grafen von Schönborn Behausung oder in einem Nonnenkloster die Wohnung nehmen sollte. Da aber in dem einen*

Hause der Platz gar zu eng war, und die Nonnenklöster in sehr schlechter Beschaffenheit sich befanden, so hat es nicht wohl geschehen können." So überließ ihr der Fürstbischof das zweite Obergeschoss der Residenz, die Kaiserappartements. Er selbst logierte in Seehof und in den Räumen im 1. Obergeschoss. Von da an befand sich Elisabeth fast ausschließlich in Gesellschaft von Frauen. „*Sie wurde auch von keinen Mannsleuthen bedienet, sondern vor der Thür des großen Saales nahmen die Kammerfrauen den Pagen die Speisen ab ...*"

Lothar Franz sprach im Dom unter anderem folgende Worte zur Prinzessin: „*...und auch wir freuen uns in Gott, dass Eure Liebden unter Leitung des Heiligen Geistes der Weisheit und der Vernunft, des Geistes der Überlegung und der Stärke, des Geistes der Wissenschaft und der Frömmigkeit, mit Verwerfung der Irrtümer (!), welche die römisch-katholische Kirche verdammt, sich mit dieser heute vereinigen, und das, von der heiligen Kirchenversammlung zu Trient vorgeschriebene katholische Glaubensbekenntnis uns heute aushändigen und beteuern wollen.*"

Die Zeremonie an sich fand Elisabeth offensichtlich ziemlich anstrengend. In einem Brief der Liselotte von der Pfalz – sie hatte sich der gleichen Prozedur unterzogen – an ihre Schwester Sophie aus dem Jahre 1707 heißt es: „*Ich weiß nicht, was man Princess Elisabeth hat zu Bamberg in ihrer Abjuration lesen machen; mir las man nur etwas vor, wozu ich ja oder nein sagen mußte, welches ich auch recht nach meinem Sinn getan und ein par mal „nein" gesagt, wo man wollte, daß ich „ja" sagen sollte, es ging aber doch durch, mußte in mich selber darüber lachen.*"

Nach der Zeremonie reist Elisabeth an den Wiener Kaiserhof und wird anlässlich der prekären Nachwuchssituation im Haus Habsburg mehrfach von kaiserlichen Leibärzten untersucht. Am 18. August 1707 wird sie von Karl offiziell als seine Braut deklariert. Als 1710 der erste und einzige Sohn Leopold nach wenigen Monaten verstarb, verfiel Elisabeth in Phasen tiefer Depression. Der Tod des Säuglings war durch schwere ärztliche Fehler hervorgerufen. Man hatte den Knaben zu früh entwöhnt und barbarischen medizinischen Kuren unterzogen.

Am 17. April 1711 stirbt überraschend Karls Bruder Kaiser Joseph I. Am Ende des Jahres bestieg Karl als Karl VI. den Wiener Kaiserthron. Der Jahresablauf von Elisabeth Christine war bestimmt durch den ihres Mannes, der sich ausschließlich vom Jagdkalender leiten ließ. Anfänglich ging er im Jahr wohl an die 100-mal zur Jagd, immer an verschiedenen Orten. Am Ende seines Lebens wurde daraus eine Besessenheit, der er täglich frönte. 1717 wurde Maria Theresia und 1718 Maria Anna geboren; zwei weitere Mädchen starben. Ab 1720 verschlechterte sich der Gesundheitszustand von Elisabeth. Karl zog bei ihrem eventuellen Tod die Heirat mit seiner Nichte in Erwägung, denn noch immer gab es keinen Thronfolger. Er hatte inzwischen die so genannte pragmatische Sanktion eingeführt, die auch einer Tochter die Thronfolge ermöglichte.

Man bemühte sich mit „Hausmitteln" um die Geburt eines Sohnes. Elisabeth musste in großen Mengen schweren Rotwein und Liköre, die sie hasste, trinken. Ihre schöne weiße Haut, die ihr den Kosenamen „Die weiße Liesl" eingebracht hatte, wurde rötlich fleckig und Elisabeth wurde dick und dicker. Karl ließ sich zum böhmischen König krönen, weil nur ein gekrönter böhmischer König Söhne zeugen kann, so die Legende. Und er ließ in

Elisabeths Schlafgemächern erotische Bilder aufhängen, um *„ihre Phantasie auf die Männlichkeit zu lenken."* Die Liebesmühe war vergeblich und ist sicher auch auf Karls Bisexualität zurückzuführen, die im Alter offen zu Tage trat. Vor diesem Hintergrund ergeben aufgezwungener Alkoholkonsum und erotische Bilder einen anderen Sinn. Beides half dem Kaiser, seinen ehelichen Pflichten zu genügen.
Als Karl VI. im Oktober 1740 an den Folgen einer Pilzvergiftung stirbt, tritt seine Tochter Maria Theresia seine Nachfolge an.

Wie die Apothekerstochter Maria Theresia Boxberger zur „Frau Äbtissin" wurde

Ende des Jahres 1709 taucht in Bamberg ein wohlhabender Mann mit Namen Karl Rudolf Grumbach auf. Er kauft das Haus Zinkenwörth 25 und lebt dort zunächst sehr zurückgezogen.
Doch rasch findet er Anschluss an die gehobene Gesellschaft Bambergs und lernt so auch **Maria Theresia** kennen. Sie ist die Tochter des reichen „Einhornapothekers" **Boxberger** am Grünen Markt. Freunde und Bekannte reden der widerstrebenden jungen Frau zu, den bereits 46 Jahre alten Karl Rudolf zum Mann zu nehmen. Schon am 3. August 1710 wird in der Martinskirche geheiratet und eine große Hochzeitsfeier begangen. Die Behörden nahmen es angesichts der gehobenen Stellung aller Beteiligten mit den Bestimmungen nicht so genau und verlangten keinerlei *„Papiere"*, sondern lediglich die Geburtsurkunde des Bräutigams. Daraus

ging hervor, dass er als Anton Joseph Behem (Böhm) 1664 zu Wien geboren wurde. Die unterschiedlichen Familiennamen Grumbach und Behem konnte er den Bamberger Behörden offenbar einleuchtend erklären. Hätten die Beamten nur weiter geforscht, sie hätten Maria Theresia viel Leid erspart. Sie hätten dann nämlich erfahren, dass sich Karl Rudolf vor Jahren gegen den Willen seiner Eltern entschlossen hatte, in das Benediktinerkloster St. Georgenberg bei Fiecht in Tirol einzutreten. Hier machte er als Pater Cölestin rasch Karriere und wird 1704, obwohl bei einem Großteil des Konvents unbeliebt, zum Abt gewählt. 1709 wird berichtet, dass *„er ohn daß man die Ursach kannt, auffallend schwermütig"* geworden sei. *Wenig später „1709, den 8. November hat sich Abt Coelestin, Gott weiß warumb, mit einem Wexl von 15 000 Gulden verlorn und nit erfragen lassen."* (1 Gulden entspricht zwei Tagen Arbeit eines Meisters) Nachforschungen blieben erfolglos, und so wurde im Mai des Folgejahres ein neuer Abt eingesetzt. Die Mönche konnten nicht ahnen, dass sich ihr Abt nach Bamberg abgesetzt hatte. Die weitere Geschichte ist bekannt.

Das Wohnhaus der Familie Grumbach, Zinkenwörth 25

Ein Jahr nach der Hochzeit wird dem Paar das Töchterchen Maria geboren. Die Familie ist glücklich und lebt vom Vermögen des Ehemanns. Das hätte so bleiben können, doch 1726 erkrankt Cölestin schwer. Er sieht diese Krankheit als Strafe Gottes und es packt ihn die Reue. Er offenbart sich dem Abt des Bamberger Benediktinerklosters St. Michael und möchte in den Schoß des Ordens zurückkehren. Abt Anselm Geisendorfer berichtet an den Fürstbischof: „... *es habe sich ein Mann bei ihm gemeldet, der allgemein als ein Verehelichter angesehn würde, dabei aber selbst bekannt, er sei Ordensmann, ja infulfierter Abt von St. Georgenberg mit Namen Cölestin Böhm. Wegen großer Verdrießlichkeiten wäre er von dort entwichen, wünsche aber nun aufrichtig, sich mit Gott und seinem Orden zu versöhnen. Nun lasse er den Fürstbischof demütigst um Hülfe und Rath bitten, wie dies ohne Schmach seiner vermeinten Ehegemahlin und seiner einzigen Tochter geschehen könne.*“

Historische Aufnahme der im 2. Weltkrieg zerstörten Einhornapotheke am Grünen Markt

Tatsächlich ist man bereit, den Ordensmann wieder aufzunehmen. Er bittet aber um etwas Zeit, weil seine Tochter, Zeichen seiner Bosheit (!) „*in der stündlichen Hoffnung in ein Kloster aufgenommen zu werden, steht. Solle er vor der Aufnahme die stille Flucht nehmen, so würde diese Hoffnung zu Wasser.*“ So vorsichtig Cölestin auch vorgeht, findet Maria Theresia ein

Briefkonzept ihres Mannes, in dem er um einen unbekannten Bußort für sich bittet. Es war dann *„Schreien, Jammern und Not. Von welcher Zeit an sie nunmehr genaue Obsicht auf mich hat, so daß ich sie überall auf dem Hals hab“*, berichtet Cölestin.

1730 glaubt Cölestin den Zeitpunkt der Flucht für gekommen. Er macht seiner Frau vor, er habe Geschäfte auswärts zu erledigen und kehrt nicht zurück. Nach einer Woche schreibt Cölestin einen Brief an den Bruder seiner Frau, Dr. Johann Jakob Anton Boxberger, Chorherr zu St. Gangolf und berichtet, er habe eine Wallfahrt unternommen. Der Schwager solle seine Schwester trösten, man werde sich bald wiedersehen. Maria Theresia erfährt nach vierzehn Tagen offiziell, was geschehen ist: *„Worüber ich einen solchen Schrecken bekam, daß, wenn Gott mich nicht wunderbarlich erhalten, mir solches mein Leben gekostet hätt ... Gleich darauf ist seine Flucht in der ganzen Stadt bekannt geworden, worauf solch erschreckliche Reden ergangen, daß sie jedes christliche Ohr hätte mögen betrüben. Da ich unterdessen durch dieses unerhörte über mich gekommene Unglück in der ganzen Stadt zu einem traurigen Spectaculum und Schaubühne bin worden, als daß ein jeder Schritt aus dem Haus mir eine Qual verursacht und es mir gleichsam unmöglich vorkommt, länger in Bamberg zu bleiben.“* Das inzwischen geringe Vermögen der Familie diente der teilweisen Rückzahlung an das Kloster St. Georgenberg. Maria Theresia blieb nahezu mittellos und *„gedachte, ihr Leben bei ihrer Tochter im Kloster Himmelpforten zu beschließen, verfiel aber noch in Bamberg in Irrsinn, in welchem sie den Tod suchte und zuletzt auch fand.“* In geistiger Umnachtung stürzte sie 1753 in eine Zisterne am Stephansberg und ertrank. Ihre Tochter Maria lebte *„als Sühneopfer fremder Schuld"* als Schwester Innocentia im Kloster und wurde dort 1757 gegen ihren Willen zur Äbtissin. Als Grund ihrer Gegenwehr gab sie immer wieder den Makel ihrer Geburt an. Abt Cölestin starb ein Jahr nach seiner Flucht aus Bamberg in Anras im Pustertal, wo er in Reue und Buße die letzten Monate seines Lebens verbracht hatte.

Die Mystikerin Columba Schonath

Maria Anna (Marianne) Schonath wurde am 11. Dezember 1730 als erstes Kind der Eheleute Georg und Katharina in Burgellern nahe Bamberg geboren. Die Eltern betrieben dort eine Mühle, die heute noch in Familienbesitz ist. Marianne wurde bereits als Baby der Großmutter anvertraut und lernte so schon im Kindesalter das Alleinsein und die Einsamkeit kennen. Neunjährig kehrte Marianne dann ins Elternhaus zurück und besuchte nun die Schule. Tiefen Eindruck machten auf sie ihre Kommunion und der frühe Tod der Mutter, die sie als Zwölfjährige verlor. In ihren späteren Aufzeichnungen berichtet sie, dass schon in dieser Zeit Gott für sie in Visionen gegenwärtig war und sie eine unstillbare Sehnsucht empfand, sich ihm ganz hinzugeben. Ihr größter Wunsch ist, in ein Kloster einzutreten. Vater und Stiefmutter erkennen die tiefe Zerissenheit in dem Mädchen und legen ihr keine Steine in den Weg. Mehrere Versuche, ein Kloster zu finden, das das Mädchen aufnimmt, scheitern jedoch. Diese langen Jahre der Ungewissheit, der Spott ihrer Freundinnen über die klösterlichen „Allüren" werden zur harten Probezeit. Endlich kam aus dem Bamberger Klarissenkloster Zum Heiligen Grab die Zusage, dass man Marianne, sobald eine Stelle frei würde, als Laienschwester aufnähme. Da sie kein Latein konnte, war ihr die Aufnahme als Chorschwester versagt. Am 27. Mai 1753 war es soweit. Bei der Einkleidung erhielt sie den Namen Maria Columba nach der seligen Columba von Rieti (1468–1501). Am 24. September 1754 legte **Schwester Columba** ihr Gelübde ab und schien am Ziel ihrer Wünsche. Doch sofort danach wurde sie von einer unerklärlichen Krankheit, Fieberschüben und Geschwüren befallen. Die Klostergemeinschaft isolierte sie und entwickelte eine regelrechte Abscheu. Dieser Zustand, begleitet von ständigen Visionen, dauerte zehn Jahre lang. Nun erst begannen ihre Mitschwestern in ihren Krankheitsanfällen mehr als nur physische Störungen zu sehen und erkannten, dass manche Vorfälle unerklärlich waren. Am Freitag, dem 2. Dezember 1763, hörten sie Columba während der Heiligen Messe den lateinischen Satz sprechen: *„Vivo, iam non ego. Vivit vero in me Christus“* („Nicht mehr ich lebe, sondern Christus lebt in mir“, Paulus, Gal. 2,20), obwohl sie kein Latein konnte! Jedoch sollte man bedenken, dass Columba eventuell durch ständiges Hören dieses Satzes in den Gottesdiensten in der Lage war, ihn nachzusprechen. Am 9. Dezember *„war sie in größter Verzuckung ganz von allen Sinnen entfernet“* und man erkannte *„aus dem Angesicht die an ihr zu leidenden Schmerzen.“* Am 11. Dezember, ihrem Geburtstag, wurde sie stigmatisiert. Sowohl ihr Beichtvater als auch die Priorin und andere Schwestern haben die blutenden Wundmale gesehen. Columba beschreibt dieses Erlebnis. Sie habe gesehen, wie die Häscher Christus nach Golgatha führten und kreuzigten. *„Wie ich im Geist hab gesehen ihn am Kreuz bei mir stehen, ist mir nicht*

Grab und Bildnis von Columba Schonath in der Dominikanerinnenkirche

anders gewesen, als wenn aus seinen Händen gleich einem Blitz ein blutiger Strahlen mit spitzem Nagel in meine Hände täte gehen, wie ich auch gleich hab empfunden. Nach diesen die beiden Füß. Aus seinem Herzen ist ein Strahl gleich einem spitzigen Speer in mein Seiten gegangen, wo ich in dem Augenblick hab bei mir empfunden. Nach diesem bin ich erwacht und zu mir kommen. Hab ich die Schmerzen wahrhaft empfunden ... Die Schmerzen, so ich selbe Nacht hab gelitten, kann ich nicht beschreiben, noch auch die Freud, so ... darauf erfolget ist.“ Der Fürstbischof, dem ein Bericht zugeht, ist skeptisch. Er schreibt am 24. Dezember an den Weihbischof: „ ... *Denn es ist bekannt, was die melancholischen Zuständ, unordentlicher Geblütslauf und sonstige weibliche Krankheiten für wundersame Wirkungen in der Phantasie und menschlichen Kör-*

per nach sich ziehen und oftermals denen jenigen zumalen frommen und einfältigen Personen dasjenige, was dieselbe hie und dort in Büchern gelesen, in dem Traum oder auch in ganz natürlichen und von üblen Gesundheitsumständen herrührenden sogenannten Verzuckungen vergrößeret und verschöneret vorkommet. Welches aber dieserwegen keine Erscheinungen oder sonsten übernatürliche Sachen zu nennen seynd." Er wünscht Stillschweigen über die Angelegenheit. Inzwischen jedoch gilt Columba in ihrem Kloster als Heilige und auch in der Stadt selbst verbreiteten sich Gerüchte über die eigenartigen Geschehnisse hinter den Klostermauern. Schwester Columba blieb vom Leiden gezeichnet. Die Wundmale, die erstmals am 11. Dezember 1763 aufgebrochen waren, begannen jeden Freitag unter furchtbaren Schmerzen erneut zu bluten, während sie in ekstatischen Visionen an der Marter Christi teilnahm. Immer neue Zeichen tauchten auf: An hohen Festtagen glänzte an ihrem Finger ein visionärer Verlobungsring, das Kruzifix in ihrer Kammer blutete, und wenn sie während ihrer Bettlägerigkeit nicht an der Kommunion teilnehmen konnte, beobachteten wiederholt Zeugen, dass sich eine leuchtende Hostie in ihren Mund senkte.

In einer Vision teilte ihr schließlich der Gründer ihres Ordens, der hl. Dominikus, mit, sie solle mit den Chorschwestern das feierliche Chorgebet darbringen, was ihr als Laienschwester nicht erlaubt war. Sie sah darin eine Versuchung des Teufels. Am 2. Juli 1764 können dann alle Schwestern miterleben, wie eine unsichtbare Hand der im Gebet versunkenen Columba den Schleier der Laienschwester nahm und ihr das Gewand der Chorschwestern überwarf. Dieses Vorgehen wiederholte sich noch mehrere Male. Daraufhin baten ihre Mitschwestern, Columba in den Stand einer Chorschwester zu versetzen. Doch die fürstbischöfliche Verwaltung und auch der Orden der Dominikaner verweigerten die Erfüllung dieser Bitte und ordneten vielmehr erneut Stillschweigen über das Geschehene an. In den darauffolgenden Jahren hüllte sich das Kloster in einen Mantel des Schweigens. Am 7. September 1765 findet erneut ein unerklärlicher Schleier- und Skapuliertausch (Skapulier = schulterbreites Tuch, das von den Schultern über Rücken und Vorderseite des Körpers fällt) vor den Augen der Schwestern statt. Dennoch bleibt sie im Stand einer Laienschwester. Allerdings ermöglicht man ihr so oft wie möglich die Teilnahme am Chorgebet, denn die häufigen mystischen Anfälle machten Columba untauglich für körperliche Arbeit, die Aufgabe der Laienschwestern. Columba starb am 2. März 1787 nach langjährigem Steinleiden und wurde, um jedes Aufsehen zu vermeiden, sofort und in aller Stille in der Kirche des Bamberger Dominikanerinnenklosters beigesetzt. Nicht einmal Verwandte durften der Beerdigung beiwohnen. Ihre Aufzeichnungen, ihr Kruzifix und viele Reliquien überstanden bei den Englischen Fräulein die Säkularisation. 1858 übertrug man auf Wunsch der Familie die Gebeine von Schwester Columba aus der säkularisierten Kirche auf den städtischen Friedhof. Als 1926 das Kloster mit Nonnen aus dem Augsburger Dominikanerinnenkloster St. Ursula neu installiert wurde, brachte man die Gebeine Columbas an ihre ursprüngliche Ruhestätte zurück.

Schwester Columba lebte in tiefster Leidensmystik. Pater Caesarius Gerneth, der ehemalige Prior des Bamberger Dominikanerklosters, sagte am 11. September 1765: „*Wenn M. Columba vor hundert Jahren gelebt hätte und diese Sachen mit ihr vorgegangen wären, so wäre sie sozusagen bei lebendigem Leib heilig ge-*

sprochen worden; bei jetzigen Zeiten aber werde alles aufs höchste getrieben und auf das ärgste kritisiert ...“ Am 15. Mai 1999 wurde das Seligsprechungsverfahren durch den damaligen Bamberger Erzbischof Dr. Karl Braun eröffnet.

Das Unglück der Bildhauerstochter Elisabeth Berg geborene Mutschele

Elisabeth Eva Magdalena war die Tochter des Bamberger Bildhauers Johann Georg **Mutschele**. Sie wurde 1735 als sechstes von neun Kindern in zweiter Ehe des Vaters geboren. Die Familie war in der Theuerstadt bei St. Gangolf ansässig und arbeitete über drei Generationen als Bildhauer für Bürger, Adel und den fürstbischöflichen Hof. Die bedeutendsten Vertreter der Familie waren Elisabeths Brüder Franz Martin und Bonaventura. Wohl durch das weit ausgedehnte Arbeitsfeld ihrer Brüder lernt Elisabeth den Nürnberger Bildhauer Christoph Berg kennen. Er arbeitet damals an der Wallfahrtskirche Vierzehnheiligen. Am 1. März 1756 heiratet das Paar in der Gangolfskirche zu Bamberg und nimmt Wohnung in Kontumazgarten, einem Vorort von Nürnberg zwischen Gostenhof und St. Johannis. Am 14. Januar 1757 kommt der erste Sohn zur Welt. Er erhält den Namen Bonaventura Joseph Michael. Vermutlich war Elisabeths Bruder Bonaventura Joseph Taufpate. Der Knabe verstirbt aber wenige Tage nach der Geburt. 1761 wird Töchterchen Eva Rosina geboren und in der Heimatpfarrei St. Gangolf zu Bamberg, wo Elisabeth noch das Bürgerrecht besaß, getauft. Taufpatin ist *Eva Rosina Dietzin, Bildhau-*

erin zu Memmelsdorf, die Frau des bekannten Bildhauers Ferdinand Tietz. Die Familie Mutschele war inzwischen von Kontumazgarten in das damals bambergische Dorf Schweinau im Südwesten von Nürnberg umgezogen. 1765 wird wieder eine Tochter geboren und in St. Gangolf getauft. Sie heißt nach ihrer Taufpatin Maria Christina und wird 60 Jahre alt werden. 1768 wird Söhnchen Valentin Johann zu Nürnberg getauft und 1770 Bonaventura Joseph, für den wieder der Bruder Elisabeths Pate steht. Mit der Familie Berg stand es nicht zum Besten, denn in eben jenem Jahr 1770 wird auch ein uneheliches Kind von Christoph Berg getauft und in beiden Taufeinträgen wird als Vater Christoph Berg, Bildhauer in Gostenhof, einer westlichen Vorstadt von Nürnberg, bezeichnet. Offenbar hatte sich der Ehemann aus dem Staub gemacht und sich anderweitig vergnügt, was nicht ohne Folgen geblieben war. Kurz darauf zieht er sich vollends aus der Verantwortung und verlässt das Nürnberger Land. 1772 bereits wird er in Ansbach genannt. Dort heiratet er 1773 eine Witwe mit zwei Kindern, die er offenbar schon zehn Jahre lang gekannt hatte, denn 1763 lieferte er für die Residenz Ansbach Möbel und Wandausstattungen. 1777 hat er das Ansbacher Bürgerrecht erworben und wird als „*hiesiger Bürger und hauptamtlicher Bildhauer*" bezeichnet. In einem Nachruf für Elisabeth Berg geborene Mutschele, die am 2. Juli 1809 starb, wird geschildert, dass sie sehr mühsam sich und ihre vier Kinder durchbringen musste, nachdem sie der Ehemann verlassen hatte. Finanziell wurde sie von ihrem Bruder Bonaventura unterstützt, der sich besonders der Fürsorge seines Taufkindes annahm und den Knaben zu einem guten Bildhauer ausbildete.

Professorin Katharina Treu und die „Ursachen, die das weibliche Geschlecht vom Studiren abhalten“

Maria Katharina Wilhelmina (1743–1811) stammte aus der bedeutenden Bamberger Malerfamilie **Treu**. Die Begabung war ihr sowohl mütterlicher- als auch väterlicherseits in die Wiege gelegt. Alle vier Geschwister, darunter zwei weitere Schwestern, malten.

Eine Aufnahme an der Akademie für eine professionelle Ausbildung war Frauen auch im 18. Jahrhundert nur in seltenen Ausnahmefällen möglich. Bekannte Malerinnen stammen deshalb in der Regel aus Malerfamilien und genossen ihre Ausbildung beim Vater. So war es auch bei Katharina. Die Mädchen waren für den Vater willkommene Hilfskräfte bei Großaufträgen, wie den Ausstattungsarbeiten in der Bamberger Residenz, ohne dass sie je namentlich in den Akten auftauchen. Aus dieser frauentypischen Anonymität sollte Katharina jedoch alsbald heraustreten, denn das künstlerische Talent von Katharina fiel dem Fürstbischof von Speyer auf, als das Mädchen dem Vater und ihren Brüdern bei der Ausstattung der Bruchsaler Residenz zur Hand ging. Er schickt die junge Künstlerin für ein Jahr an die Akademie nach Düsseldorf. Dies ist jedoch aus Anstandsgründen nur gemeinsam mit ihrem 34-jährigen Bruder Christoph möglich, der – längst ein angesehener Maler – keine Ausbildung mehr nötig hat. Der Fürstbischof vermittelte auch den Kontakt zu Kurfürst Karl Theodor, der Katharina 1769 zur Kabinettmalerin an den Mannheimer Hof beruft. Sie ist 26 und erhält ein höheres Gehalt als

alle anderen Hofkünstler. Sie hat ständig freien Zutritt zum Naturalienkabinett, um Studien zu betreiben und darf für den Adel und das gehobene Bürgertum arbeiten, welche nicht mit Aufträgen sparen.
7 Jahre später wird Katharina zur Professorin an der Kunstakademie in Düsseldorf ernannt. Sie ist damit nachweislich eine der ersten Professorinnen einer Kunstakademie in Deutschland und führt den Titel bis zu ihrem Tod. Sie ist die einzige weibliche Lehrkraft an der Akademie und das in einer Zeit, in der sie sich noch auseinandersetzen musste mit der Frage, „*ob die Weiber Menschen seyn*“, mit der Behauptung, „*dass die Vernunfft der weiber nur eine halbe Vernunfft sey*“, mit der Ansicht, „*Gelehrsamkeit schicke sich nicht für dieses Geschlecht, da dasselbe keinen Nutzen davon zu erwarten habe.*“ – Dorothea Christiane Leporin, eine junge Frau, die mit aller Macht ihr Medizinstudium durchsetzte, sah sich veranlasst, ein ganzes Buch über ihre leidvolle Erfahrung zu schreiben. Sie lebte in Quedlinburg und nannte ihr 1742 erschienenes Werk „Gründliche Untersuchung der Ursachen, die das weibliche Geschlecht vom Studiren abhalten“. Sie nennt unter anderem „*Die Überheblichkeit der Männer, denn: Einer der gewöhnlichsten Einwürffe, welcher vielen den Kopf sehr einnimmt ist dieser: die Weiber müßten den Männern untertan sein. Das sind ihrer*

Katharina Treu
gemalt von ihrem Bruder
Städt. Sammlungen Bamberg

viele aber sehr ungern. Würden sie nun durch die Studia allzu klug gemacht, so würden sie noch mehr das Joch der Männer von sich werffen."
Auch die Ehe sieht sie als Hindernis: „*Gesetzt, es hätten einige Männer einen Abscheu für gelehrte Frauenzimmer, was wird uns solches schaden? Oder warum sollten wir gehalten sein, deswegen die Gelehrsamkeit zu verachten? – Wie wenn wir höreten, daß einige Männer glaubten, es würde ihnen gut sein, wenn sie eine Frau hätten, die nicht sehen könnte, wollten wir deswegen das Frauenzimmer bereden, sich die Augen auszustechen, damit sie diesen törichten Menschen gefallen? Jedermann würde sagen dieser Rat ist unvernünftig und sündlich. Aber noch weit unvernünftiger handelt man, wenn man bemühet ist, dem weiblichen Geschlecht das Licht des Verstand zu rauben, weil man besorget ist, es könnten Männer gefunden werden, die dasselbe hasseten."*
Letzlich klagt sie über die Sparsamkeit der männlichen Welt: „*Viele sehen das Studiren des weiblichen Geschlechts für eine Verschwendung an, man spricht: es werden dazu viele Kosten erfordert, welche man besser anwenden kann. Auch hat das weibliche Geschlecht nötigere Dinge zu verrichten ... es ist daher besser, wenn das Frauenzimmer das Studiren dem männlichen Geschlecht überläßt und die Zeit und Kosten auf nöthigere Dinge verwendet."*
Dann fährt sie fort: „*... und wenn man endlich überdenket, wieviel Vorsicht dabei walten muß, wenn das weibliche Geschlecht fremden Lehrern soll anvertrauet werden, insbesonderlich aber, wie bedenklich es sein würde, Frauenspersonen in die Fremde mitten unter die Herren Studiosi zu senden, so sollte man fast auf die Gedanken geraten, daß dieses die erheblichste*

Schwürigkeit ist, von der ich glaube, daß dadurch eine große Anzahl vom Studiren abgehalten wird. Doch ich glaube, solange die Vorschläge für eine Jungfern-Akademie nicht in Erfüllung gehen, es könne das weibliche Geschlecht, ohne daß ganz besondere Vorsichtigkeit dabei angewendet werde, gar wohl ohne einiges Übel dabey zu erfahren, mit Manns-Personen zugleich zum öffentlichen Unterricht zugelassen werden."

Die akademische Ausbildung von Frauen zu Malerinnen war in dieser Zeit völlig fremd. Man musste sich selbst helfen. In Nürnberg gründete deshalb die Malerin Maria Sibylla Merian schon im späten 17. Jahrhundert eine „*Jungfern-Company*", in der Frauen zum Zeichnen und Malen angeleitet wurden. Katharina Treu war und blieb die Ausnahme in einer Männerdomäne. Sie musste sich jedoch auf Stillleben und Porträts spezialisieren, denn das Aktstudium blieb ihr untersagt. Die damals so beliebte Historienmalerei fehlt deshalb in ihrem Werk.

Am 5. November 1781 heiratet Katharina Treu im damals sehr hohen Alter von 38 Jahren den wohlhabenden Schwetzinger Hofbauern Jakob König und verbrachte die nächsten Jahre mit ihm in Schwetzingen, wo auch ihre beiden Töchter Franziska und Elisabeth auf die Welt kamen. Die Ehe der erfolgreichen Künstlerin mit dem 8 Jahre jüngeren Mann war nicht glücklich. Für Spannungen sorgten vielleicht auch die verschiedenen Konfessionen. Katharina war katholisch und ließ auch ihre Töchter katholisch taufen. Katharina ist mit dem zweiten Kind hochschwanger, als sie sich von ihrem Mann trennt. Eine Scheidung erfolgt nicht. Aufgrund ihres guten Einkommens muss ihr Mann keinen Unterhalt an sie zahlen, so legt es das Gericht fest. Durch die Umwälzungen der Französischen Revolution und die Teilzerstörung Mannheims verlor Katharina jedoch einen Großteil ihres Vermögens und geriet in finanzielle Schwierigkeiten. Hinzu kam, dass ihre offizielle Besoldung ausblieb. Es wird geschrieben: „*... die unglückliche Treu Früchtemalerin treibt sich und ihre zwei Töchter in der Stadt herum, Palett und Pinsel sind vermutlich längst verlassen, teils aus Kummer, teils weil kein Mensch ihre Werke begehrt hat ...*" Drei Jahre später wird ihr das alte sehr hohe Gehalt jedoch vom neuen Regenten bestätigt. Sie starb nicht unvermögend und angesehen am 11. Oktober 1811 im Alter von 68 Jahren in Mannheim. Ihre Töchter (22 und 24), die sie beide zu Malerinnen ausgebildet hatte, kehrten ein Jahr nach ihrem Tod nach Bamberg zurück.

„Daher sehen katholische Mädchen verliebter aus als andere"

1781 besuchte der Berliner Schriftsteller Christoph Friedrich Nicolai (1733–1811) Bamberg. Er lebte im Geist der Aufklärung und hatte wenig Sympathie für frömmelnden Katholizismus. Mit spitzer Feder beschreibt er auch die Bamberger Frauen. Seine Worte sind wenig schmeichelhaft, aber schon damals nahm man sie nicht für bare Münze:
„Unter den gemeinen Weibspersonen, die ich ... in der Stadt bemerkte, waren viele, deren Gesichter länglich, und ... deren Stirnen ... auf einer unbedeutsamen Nase standen. Auch unter den jungen waren wenige, die ein blühendes Ansehn hatten. Blaß oder blutrot waren zwey Farben, die man gemeiniglich in Extremen wahrnahm. Ohne das schöne Geschlecht in Bamberg

beleidigen zu wollen, muß ich gestehen, der größte Theil derselben war nicht schön.

... Nur der innige katholische Augenaufschlag, den man in protestantischen Ländern gar nicht kennet, rief sie ins Leben zurück, und alsdenn waren sie wirklich reizend. Noch schien es mir, dass hier das weibliche Geschlecht geschwinder verblühe, als in manchen anderen Ländern. Ich sah Frauen, die nicht vierzig Jahre alt seyn konnten, ganz gelb und runzlich. Ein paar blinkende schwarze, vom Alter noch nicht gedämpfte Augen, die aus einem solchen Gesichte hervorsehen, machen einen ... sonderbar fremden Anblick. Die gemeinen Weibspersonen durchs ganze Bambergische machen sich noch häßlicher, indem sie ein weißes Tuch ganz ums Gesicht schlagen, welches sowohl in Form, als in Farbe recht ausgesucht scheint, um das, was an sich nicht hübsch ist, noch häßlicher zu machen.

... In einem Lande, wie das bambergische, bestehet die größte Thätigkeit der Einwohner in äußerlichen Religionsübungen ... Daher kommt außer der Nationalphysiognomie noch die katholische Religionsphysiognomie, die hier, wo nicht andere Sitten und andere Thätigkeiten dieselbe verwischen, so merklich ist. ... Ich habe oben schon des katholischen Augenaufschlags beym Frauenzimmer gedacht. Niemand kann ihn verkennen, der ihn einigemal beobachtet hat. Es ist darinn etwas sanftes, etwas verschämtes, etwas starres, etwas inniges. Daher sehen katholische Mädchen ceteris paribus verliebter aus, als andere. ... Bey Erinnerung an ihre Sünde schlagen sie vor einem Marienbilde die Augen zärtlich nieder, wie eine Geliebte vor ihrem Liebhaber, gegen den sie eine Schwachheit begangen hat, und den sie noch liebet."

Im September 1802 quartieren sich bayerische Truppen in Bamberg ein und wenig später legt Fürstbischof von Buseck die weltliche Regierung nieder. Die Säkularisation begann. Die Folgen sind bis heute spürbar. Bamberg wird Nebenresidenz der Wittelsbacher und für einige Jahre lebt hier König Otto von Griechenland, der Sohn Ludwigs I. von Bayern. E.T.A. Hoffmann und Georg Wilhelm Friedrich Hegel kommen nach Bamberg. Es entstehen das Theater und der Hainpark. Nach Aufhebung des Judenmatrikels 1812 dürfen sich wieder unbeschränkt Juden in der Stadt niederlassen. Sie bereichern das wirtschaftliche und gesellschaftliche Leben. 1817 wird Bamberg Erzbistum. Es entstehen zahllose bürgerliche Vereine. Bamberg wird durch den Ludwig-Donau-Main-Kanal und die Eisenbahn erschlossen und wird Militärstadt. Industriebetriebe entstehen.

„Ausstudierte Nonnenobedienz“ und ihre Folgen im Klarissenkloster

1791 erscheint Johann Sebastian Schramms Werk „Lusus Campanarum campanularumque Bambergae omnibus turribus ... collectus ...“, das alle Bamberger Glocken beschreibt. Zu diesem Zweck bestieg der wackere Forscher die Bamberger Dachstühle und Türme. Dies wollte er auch im Kloster der Klarissen an der Nonnenbrücke tun. Er erhielt zwar eine Erlaubnis. Ihr Inhalt jedoch traf seine männliche Eitelkeit so sehr, dass die Beschreibung der Klarissenglocken in seinem Buch fehlt. Darüber berichtet wiederum Placidius Sprenger (Leben des im Jahr 1790 zu Bamberg verstorbenen Herrn Sebastian Schramm, Journal von und für Franken 4, 1792, S. 215f): *„Den Klosterfrauen zu St. Clara war die Weigerung ihrer strengen Verschlossenheit wegen, weniger zu verdenken; gleichwohl wollten sie ihm den Zutritt verstatten, wenn er sich's gefallen ließe, bey der jährlichen Getraidlieferung in Gesellschaft der Bauern einen Sack voll Früchte auf den Boden zu tragen, von wannen er zu dem Thurm und den Glocken gelangen könnte. Aber er hat nie in seinem Leben Sinn für weibliche Befehle, und er sah dieß für eine ausstudierte Nonnenobedienz an."*

Das Leben im Kloster war streng und die Äbtissin eine harte Frau, die keinen Grund sah, den „Glockeninspekteur" ohne Gegenleistung in ihr Kloster zu lassen. Es scheint jedoch, als ob diese Äbtissin nicht nur gegen Männer, sondern auch gegen ihre eigenen Mitschwestern streng, zuweilen ungerecht auftrat. Am 25. Februar 1800 findet ein junger Bursche außerhalb der Klostermauern am Regnitzufer einen Stein, um den ein Brief mit folgendem Wortlaut gewickelt war:

„Ach lieber guter Freund, der solches liest, ich bitte sie um Gottes Willen, tragen sie dieses Schreiben grad dem Fürsten hin. Ich bin eine arme Clarisserin, ich kann mir nicht anders helfen. Es ist ein solch erbärmliches Leben in unserem Kloster. Ich schreibe dieses im Namen ihrer 20, ach es plagt eine die andere zu Tod. Wir müssen Hunger und Kummer leiden, unsre Obrigkeit ißt und dringt, was nur gut ist und wir arme Schwestern haben eine Kost, schlechter als ein Daglöhner …

Sie lassen sich wohl sein und mir arme tropfen müssen schmachten … Ach helfen sie uns doch, schicken sie uns eine Kommission. Da werden sie mehr hören, wie es bei uns zugeht, ach! Helfen sie uns doch. Ich hab schon meine meisten Jahren im Kloster zugebracht, ich hab nichts mehr in der Welt zu suchen, aber doch wollt ich lieber, als in diesen armseeligen leben, eine Dienstmagd sein, mit einen Stückl Wasser und Brodt zufrieden sein, wenn ich nur meine noch übrigen Tage, welche mir vielleicht Gott noch bestimmt hat, in Ruhe und Frieden zubringen könnt.

Ich bin nicht allein, das dieses wünsche, sondern der meiste Theil von uns seufzt nach Erlösung – ach ich bitt sie nochmal, helfen sie uns, wir gehen sonst an Leib und Seel zugrund.

Die Wochen gehen wir 3, oft 4mal zum Tisch des Herrn und kochen nichts als Neid und böse Passionen im Herzen ... Gott kann unmöglich Wohlgefallen an uns haben, denn sonst wär es doch nicht so arg, als es jetzt ist. Es geht bei uns zu wie im Franzosenkrieg, nur mit diesem Unterschied, dass diese Freiheit haben, wir aber wie elende Sklaven behandelt werden."

Das Schreiben gelangte an Fürstbischof von Buseck, der eine sofortige Visitation des Klosters veranlasste. Die 19 Nonnen und 6 Laienschwestern wurden einzeln befragt, doch nur drei Nonnen bestätigten die vorgetragenen Kritikpunkte. Die anderen antworteten nur kurz und äußerten sich zufrieden, wobei der Kommissar Zweifel hegte, ob ihm alle „*frey und ohne Zurückhaltung ihre Meinung eröffnet*" hätten.

Die drei Schwestern klagten über das wenige und oft nahezu ungenießbare Essen, bei dem es zu wenig Fisch gäbe, während sich Äbtissin und Priorin mit guter Kost reichlich versorgten. Hauptanklagepunkt aber war die

Misswirtschaft des Klosterverwalters Hofrat Faber und die mangelnde Unterstützung der Äbtissin gegen diese Beanstandungen. Man habe beim zuständigen Provinzial des Franziskanerordens, dem sie unterstanden, Klage geführt, doch er habe „*in einer bitteren Standred, die Schwestern, die er unter anderem Teufel- und Höllenbrut geheißen, äußerst betrübt, so dass die meisten bittere Tränen darüber geweint hätten.*“ Die Äbtissin habe sie dabei weder in Schutz genommen noch ihre wahren Vorwürfe bezeugt. Der Fürstbischof kündigt den Schwestern Reformen für ihr Kloster an, die jedoch unterblieben. Drei Jahre später wurde das Kloster im Zuge der Säkularisation aufgehoben. Am Klarafest, dem 12. August, fand der letzte Gottesdienst statt. Tags darauf verließen die Nonnen das Kloster, ohne von ihrem Gelübde entbunden zu werden. Das bischöfliche Vikariat gab die Anweisung, die ehemaligen Klarissen sollten sich „*eines auferbäulichen, ruhigen, und gottseeligen Lebenswandels befleißen und sich durch Ausübung der Tugenden ihrem Stande gemäß auszeichnen.*“

Caroline Schlegel und das „schöne Logis“ bei Hofrat Faber

Der von den Klarissen beklagte Klosterverwalter Faber spielt auch in der Geschichte von **Caroline Schlegel** eine Rolle, die in eben diesem Jahr 1800, als der anonyme Nonnenbrief über die Klostermauer gelangte, nach Bamberg kam.

Caroline wurde 1763 in Göttingen als Tochter eines Orientalisten geboren. Mit 21 heiratet sie gegen ihren

Das Haus von Hofrat Faber
Nonnenbrücke 1

Willen den Professorensohn Franz Wilhelm Böhmer und ist mit dem dritten Kind schwanger, als er stirbt. Nur dieses dritte Kind – Auguste, geboren am 22. April 1785 – überlebt und mit ihr zieht die Mutter 1792 nach Mainz. Nachdem die Stadt von den Franzosen eingenommen wurde, müssen Mutter und Tochter fliehen. Unterwegs werden sie von deutschen Truppen aufgegriffen und in Königstein / Taunus in strenger Haft festgehalten. In dieser Lage bemerkt Caroline, dass sie von einem französischen Offizier schwanger ist. Sie ist verzweifelt. Niemand darf ihren Zustand bemerken, sonst würde sie das Sorgerecht für ihre Tochter verlieren. Sie erwägt, sich und Auguste mit Gift umzubringen. Eine vorzeitige Entlassung kann jedoch erwirkt werden. Es hilft ihr August Wilhelm Schlegel, der ihr schon länger den Hof macht. Unter falschem Namen bringt sie das uneheliche Kind zur Welt, das nur 17 Monate lebt. Mittlerweile ist Caroline zur Skandalfigur geworden. In Mainz kursieren die wildesten Gerüchte. Eine Heirat erscheint als letzte Rettung. Sie geht 1796 eine Vernunftehe mit Schlegel ein. Das Paar zieht nach Jena, wo sie Initiatoren der Frühromantik werden. Die Abwendung der Romantiker von Schiller und die Hinwendung zu Goethe ist nicht zuletzt das Verdienst von Caroline und bringt ihr von Schiller den Namen *„Dame Luzifer“* ein. 1798 kommt der junge Philosoph Schelling nach Jena. Caroline verliebt sich und reagiert mit heftiger Krankheit auf dieses Problem.

So trifft sie 1800 in Bamberg ein: eine Frau mit bewegter Vergangenheit, eine Skandalfigur, geliebt und gehasst wie keine Zweite. Caroline Schlegel, ihr Mann August Wilhelm Schlegel, ihr Geliebter Friedrich Wilhelm Schelling (den sie 1803 heiraten wird) und Auguste Böhmer, ihre Tochter aus erster Ehe, unternahmen diese Reise nach Bamberg mit dem Ziel Bad Bocklet. Hintergrund war eine schwere Erkrankung von Caroline Schlegel im Jahr 1800, von der sie sich nur langsam erholte. Der berühmte Jenaer Arzt Hufeland, den auch Goethe besuchte, riet in Absprache mit den Bamberger Medizinern Markus und Röschlaub zu einer Kur in Bad Bocklet.

Am 5. Mai brach das Ehepaar Schlegel mit Auguste und einem Dienstmädchen auf. In Rudolstadt übergab Wilhelm Schlegel Frau und Stieftochter in die Obhut Schellings und schlug andere Wege ein. Am 8. Mai erreichen sie Bamberg. Weil in Bad Bocklet die Unterkünfte für die Kurgäste nicht fertig waren, verzögert sich die Reise. Letztlich muss man einen Monat in Bamberg bleiben.

Die Reisenden wollen eine Vier-Zimmer-Wohnung mieten und man kommt in konkrete Verhandlungen mit Hofrat Faber. Über den Mietpreis in dem *„schönen Logis“* war man sich bereits einig. Die Wohnung befand sich im Haus Nonnenbrücke 1, das Ferdinand Ignaz Faber, der in hohen kirchlichen Diensten stand, 1783 gekauft hatte. Dort wohnte nun sein Sohn, Hofrat Christoph Balthasar Faber. Er hatte Anfang Februar 1800 seine Frau verloren und lebte als Witwer mit kleinen Kindern. Der Vater sah die Pläne seines Sohnes, einen Teil des Hauses zu vermieten, sehr kritisch:

Caroline Schlegel, Stahlstich nach einem Gemälde von J. F. A. Tischbein um 1795

„Er hat allerley Vorwände, es wäre keine Frau im Hause, denn der Sohn ist Witwer mit kleinen Kindern, und da könnten Unordnungen entstehen und es könnte was an den Möbeln verdorben werden und das Haus stünde so im Verkauf …“ (Brief von Auguste an Schelling)

Auguste sieht das Scheitern nur am Vater liegen, den Sohn hält sie für dumm, aber vom Vater abhängig, weil er kein Geld habe. Dem Vater unterstellt sie für die Ablehnung religiöse Gründe. Damit lag sie wahrscheinlich nicht falsch, denn Geheimrat Faber stand als fürstbischöflicher Kammersekretär in bischöflichen Diensten. Die ganze Familie war streng katholisch, während Caroline und Auguste evangelisch waren. So suchte man unermüdlich weiter nach einer längerfristigen Unterkunft.

Während ihres Aufenthalts in Bamberg lernen Mutter und Tochter die Familie Mark kennen, (vgl. Julia Mark, des Dichters Hoffmanns platonische Liebe, S. 153) besonders die Mutter von Julia, Fanny Mark, und deren Freundin Gräfin Rotenhan, die seit 1798 verwitwet war und zur vornehmsten Gesellschaft in Bamberg gehörte. Ein Ausflug nach Bug ins „Jagdschlösschen“ gehörte zu den Vergnügungen, die man in diesen Kreisen unternahm. Das Gebäude wurde 1754 als Gasthaus gebaut und hatte einen kleinen Ballsaal. Die Vorzüge gehen aus einer Beschreibung von 1790 hervor: *„An diesem … Erlustigungsorte ist es allein, wo man sich ungezwungen beträgt. Sogar die steifeste Dame legt hier Würde, Stolz, alles auf eine kurze Zeit hinweg, um einmal nach Herzensdrange von einem feurigen Akademiker herumgetanzt zu werden.“* (Franz Adolf Schneidawind, Chronik der täglichen Begebenheiten zu Bamberg, 1790)

Auguste, sie ist inzwischen fünfzehn Jahre alt, störte sich an den *„einfachen Leuten“*, tanzte nicht und man ging auch rasch wieder.

Nach vier Wochen Bambergaufenthalt konnte die Kur in Bad Bocklet angetreten werden, die Caroline gut bekam. Nun aber erkrankte ihre Tochter Auguste an der Ruhr und starb am 12. Juli 1800. Caroline Schlegel und Schelling zogen sich daraufhin aus Bad Bocklet wieder nach Bamberg zurück. Der Stiefvater August Wilhelm Schlegel stieß dazu und verfasste eine Reihe von Totengedichten für Auguste, die zusammen mit Gedichten auf den am 31. März verstorbenen Novalis (Friedrich von Hardenberg) in Ludwig Tiecks „Poetischem Tagebuch auf das Jahr 1802“ erschienen.

Benigna Frey und ihr „Englischer Garten“

Das Grundstück des so genannten Englischen Gartens in der Schweinfurter Straße 1 befand sich seit 1688 immer im Besitz von Apothekersfamilien. **Benigna Frey**, die Witwe des Hofapothekers, ließ um 1800 ihren Garten zu einem kleinen Paradies im neuen Naturstil Englands umwandeln. Der Witwe stand ihr Freund, der Oberappellationsrat Geyer, beratend zur Seite. Um das steile

Gaststätte Zum Bockser im ehemaligen „Englischen Garten“

Terrain terrassieren zu können, ließ Benigna tonnenweise Erdaushub auf dem Hang aufbringen. Dieser Aushub war außerordentlich fruchtbar, denn er stammte aus dem Flussbereich der Regnitz und war als Aushub bei der Anlage der Schiffswinterung (Abzweig der Regnitz als Winterquartier der Fischer- und Schifferboote) angefallen, die sich etwa an der Stelle der heutigen Konzerthalle befand.

In Joachim Heinrich Jäcks Buch „Bamberg und Umgebung“ von 1812 liest man: *„Noch unbekannt mit den durch Kunst erhöhten Reizen der Natur, welche uns dort erwarten, eilen wir in das kleine Eden der verwitweten Hofapothekerin Frey. Dem Geschmack dieser ergrauten Witwe gereicht es zur besonderen Ehre, dass sie diesen kleinen Blumengarten unter der Leitung des jetzt in München wohnenden Oberappellationsrates Geyer nach und nach mit einer Englischen Anlage erweiterte.“* Jäck beschreibt weiter: *„Wasserfälle, Grotten, Brücken, kleine Haine, ausländische Pflanzen, Täler und Hügel wechseln so mannigfaltig in gegenseitiger Perspektive ab, dass dem Kenner für so einen kleinen Raum nicht viel zu wünschen übrig bleiben wird.“* Benigna Frey starb 1819. Neun weitere Jahre verblieb der Garten in Familienbesitz, dann kaufte Schneidermeister Bock die Anlage und verwandelte sie in den so genannten „Bocksgarten“, der bald zu einem beliebten Ausflugsziel der Bamberger wurde. Noch 1890 wird der Garten der Witwe Frey von der Naturforschenden Gesellschaft gelobt. Außer der Tradition des Wirtsgartens „Zum Bockser“ ist jedoch von der Schönheit eines blühenden Eden nichts geblieben.

Der Berghang, an dessen Fuß der Englische Garten entstanden war, scheint sehr fruchtbar gewesen zu sein, wie eine andere „Frauengeschichte“ erzählt. Sie betrifft das Anwesen Maienbrunnen 24. Um 1850 hatte der Kaufmann Baptist Ruppert das Gelände, auf dem jahrhundertelang Weinbau betrieben worden war, erworben, um hier eine „Kuranstalt“ zu errichten. Er wollte sich damit einer profitablen Modeerscheinung anschließen. Gelangweilte Damen der gehobenen Gesellschaft, die gerne kränkelten, suchten Erholung und Entspannung und damit Heilung ihrer Wehwehchen auf dem Lande. Man nahm lange Reisen in Kauf, um in landschaftlich schöner Umgebung in diesen so genannten Kuranstalten verwöhnt zu werden. Baptist Ruppert plante eine „Luftkuranstalt mit Molkerei“, Etablissements, wie sie auch andernorts wie die Pilze aus dem Boden schossen. Es entstand eine Villa inmitten einer Gartenanlage mit Terrassen, Wasserfall und Statuen, am Haus ein Wintergarten, alles dem gehobenen Anspruch der angereisten Gäste entsprechend, unter denen sogar *„russische Damen“* gewesen sein sollen. Doch obwohl – oder vielleicht weil – man über Rohre

Ehemalige „Luftkuranstalt“ am Maienbrunnen

„Ziegenaroma“ aus den Ställen in die Zimmer geleitet hat, erbrachte die Kuranlage nicht den gewünschten wirtschaftlichen Erfolg und wurde zu einer Rosengärtnerei.

Die Humsera

Nanni, die Frau des Gärtners Hums, wurde der Mundart gemäß **„die Humsera“** genannt. Sie war eine typische Bamberger Gärtnersfrau: gut genährt in einen wallenden Rock mit einer Schürze gepackt, das Kopftuch im Nacken verknotet, mit rosigen Pausbacken und einem scharfen Mundwerk, einer „Schwertgoschn“. So wurde sie zum Inbegriff der Bamberger Gärtnersfrauen schlechthin. Diese Marktweiber gingen dem so genannten Hockenwerk nach, einem typischen Frauenberuf. Ein Korb wurde mit Kleinkrämerwaren beladen und in die Stadt getragen. Auf dem Markt breitete man die Waren auf der Straße aus, drehte den leeren Korb als Hocker um und verhökerte, was man anzubieten hatte. Die Gärtnersfrauen verkauften allerlei Gemüse, vor allem auch Kräuter, die auf den schmalen Feldstücken im Stadtviertel „Gärtnerei“ erwirtschaftet wurden. Besondere Berühmtheit erlangten die Bamberger Zwiebeln, die den

Der Humserabrunnen am Grünen Markt

Gärtnern – und später allen Bambergern – den Spitznamen „Zwiebeltreter" einbrachten.

Bürgersfrauen von Bamberg 19. Jahrhundert

Schon 1693 schlossen sich die Gärtner zu einer Zunft zusammen, die bis ins Jahr 1868 bestand. Die Zunft wählte die hl. Anna, Mutter Mariens, als besondere Fruchtbarkeitsheilige zu ihrer Patronin. In der ersten Hälfte des 19. Jahrhunderts erreichte diese besondere Art der Landwirtschaft ihren Höhepunkt. 540 Meister und 400 Gesellen waren gemeldet. Der Zunftregel entsprechend mussten die Meister verheiratet sein, und so gab es 540 Meisterinnen. Eine davon war Nanni Hums, die den Bamberger Marktfrauen zu ihrer Identität und Typologie verhalf. Die Gärtnerinnen unterschieden sich von den Bürgersfrauen durch eine besondere Tracht. 1821 liest man, „*dass sich die Gärtnerinnen in der Kleidung von den übrigen Städtern weit absondern. Man glaubt nicht, dass dieselben ... auch nur Bürger einer Stadt sein können. Denn die noch sehr altmodischen Kleidertrachten ... sind gegen jene der Bürger um 150 Jahre zurück. Im Ganzen bemerkt man an der Kleidung der Gärtner von Bamberg eine sichtbare Übereinstimmung derselben mit jener der Bewohner vom platten Lande.*" Die Tracht der Bürgers-

frauen war im Bamberg des 19. Jahrhunderts allerdings auch gewöhnungsbedürftig, wenn man den Worten des Dichters E.T.A. Hoffmann Glauben schenkt. Er beschreibt *„den abscheulich geschmacklosen Kopfputz, der damals die hübschesten Gesichter der Mädchen entstellte, ... und wenn sich nun der Zug der Weiber zu bewegen anfängt und der Wind sich in die großen Schleifen setzt, so ist es nicht anders, als wenn ein ganzes Heer von schwarzen Raben oder Adlern jählings wach werde und den rauschenden Flug beginnen wolle."*
Ob die Humsera auch für den gelegentlich verwendeten Begriff „behumsen", bedeutungsgleich mit „betrügen", verantwortlich ist, scheint nicht nachweisbar, obwohl folgender Auszug aus einem Zwiegespräch zwischen dem „Goblmo" (Brunnen am Grünen Markt) und der Humsera dies vermuten lässt:

Humsera

Ei du, mei liebä Goblmo,
wos fängst denn nochät Du etzt o?
Du stehst da drom, du dabä Lackl,
und hälst dein krumma Dreigezackl
und schaust toll dummert nei die Wält,
wos is denn, wos dä gor net gfällt?

Goblmo

Humsera, du bist und bläbst a Lusch,
dir khöret längst amol a Dusch!
Host die Goschn aufgerissn
Und mit der Wor die Leut beschissen,
dabei a schüchtlings Knixla gmacht
und dann die Gimpl ausgelacht.

Michael Welsch

Die vergessene Schriftstellerin Amelie Godin

Zu Lebzeiten umschwärmt und berühmt und kaum verstorben, schon in Vergessenheit geraten. Gerade bei Frauen kann man dieses Phänomen häufig beobachten, und so ist es auch mit **Amelie Linz-Godin**. Sie kam 1824 als Tochter des Bamberger Stadtgerichtsarztes Dr. Speyer und seiner Frau, einer geborenen Freiin von Godin, zur Welt. Das Mädchen wuchs behütet in großbürgerlichen Verhältnissen auf, erhielt Privatunterricht und wurde auf die klassische Frauenkarriere ihrer Zeit als sittsame Ehefrau und Mutter vorbereitet. Der frühe Tod des Vaters jedoch ließ alles anders kommen.

Amelie wird in der Familie des Münchner Architekten Panzer aufgenommen und lernt dort ein ausgeprägt literarisch-künstlerisches Umfeld kennen. Im Hause verkehren Männer wie Wilhelm von Kaulbach, Friedrich von Thiersch oder Friedrich von Kobell. Hier kann sie ihre sicher schon in Bamberg begonnenen Gesangsstudien fortsetzen. Bei Hauskonzerten und Wohltätigkeitsveranstaltungen tritt sie als Sängerin auf. Auch dies ist typisch für die Zeit. 1845 heiratet Amelie in Bamberg den preußischen Offizier Franz Xaver Linz. Mit ihm lebt sie entsprechend seiner Stationierung in den verschiedensten Garnisonsstädten in ganz Deutschland. Vier Kinder bringt sie zur Welt und für diese Kinder schreibt sie ein Märchenbuch, das sie auf Drängen ihrer Freunde 1858 anonym veröffentlicht. Der große Erfolg bewog sie, weiter schriftstellerisch tätig zu werden. Ihre nachfolgenden Werke erscheinen zunächst unter dem Mädchennamen ihrer Mutter, später unter dem Doppelnamen Linz-Godin. Es sind Kurzgeschichten, Novellen und

Zwei Beispiele aus dem umfangreichen Schaffen der Schriftstellerin Amelie Godin

Gedichte, die in Unterhaltungsjournalen zu lesen waren. Kollegen schätzten diese Stücke wegen ihrer „ungekünstelten Einfachheit" und der Warmherzigkeit. 1870 verstarb ihr Mann und Amelie zog mit ihren bereits erwachsenen Kindern nach München, wo sie sofort Aufnahme in den dortigen Dichterkreis fand. In München entwickelte sie eine Produktivität, die ihr zuvor als Mutter, Hausfrau und Offiziersgattin zeitlich nicht möglich war. Amelie Linz starb als angesehene und wohlhabende Autorin am 24. April 1904 in München.

Mit Werken wie „Märchen aus Feld und Wiese", „Märchen aus aller Herren Länder", „Eine Katastrophe und ihre Folgen", „Herzensworte" oder „Mutter und Sohn" erlangte sie zu Lebzeiten große Berühmtheit und Beliebtheit. Heute ist Amelie Linz sogar in ihrer Heimatstadt nahezu unbekannt, obwohl sie in bezaubernden Erzählungen unter dem Titel *„Frauen-Liebe und Leben"* aus dem Jahr 1876 auch Bamberg ein literarisches Denkmal setzte. Ein kleiner Auszug zeigt den romantisch-bildhaften Erzählstil der Schriftstellerin: *„Es war wunderbar still ringsum; beide saßen schweigend,* *dem Genuß des Waldfriedens hingegeben. Der junge Frühling und der sanfte Abend schwebten vereint über dem trauten Plätzchen. Das Leben des klaren Frühlingstages hatte sich noch nicht ausgeblüht – noch duftete das dichte Moos und die wilden, so wunderbar eigenen Waldblumen aus den dunklen Schatten hervor, noch klang hier und dort der Schlag einer Amsel, mit leisem Liebeston, der die Menschenbrust ergreift wie eine Stimme vom Himmel; sanft ging schwaches Rauschen von Baum zu Baum, das geschwätzige Murmeln einer Quelle, die wenige Schritte seitwärts aus dem Gestein drang, tönte unablässig – und doch hob all dies leise Klingen den Eindruck tiefster Stille nicht auf, es war gleichsam nur das Athemholen des schweigenden Waldes. ... Ottos Herz begann rascher zu schlagen. ... Er sah Elisabeth an. ... „Sie haben mir von einem Glücklichen erzählt, Elisabeth, wollen Sie einen Glücklichen machen? Darf ich, kann ich hoffen, daß Sie annehmen, was ich Ihnen biete – mein Herz, mein Leben?“ Elisabeth wandte sich um und sah ihn mit einem unbeschreiblichen Blicke an, barg dann das glühende Gesicht in beide Hände und brach in Thränen aus.“*

Dr. Speyer, der Vater von Amelie, war dem Bamberger Romantikerkreis eng verbunden. In einem weitgehend unbekannten Werk seines Dichterfreundes E.T.A. Hoffmann fand er literarische Erwähnung und verschaffte so ungewollt dem Thema „Frauengeschichten“ ebenfalls Erzählstoff: Wie so oft, war der Freundeskreis nach Bug promeniert und kehrte in der dortigen Gaststätte ein. (Vgl. Caroline Schlegel und das „schöne Logis“, S. 139) Die lustige, da leicht berauschte Männerrunde kam auf die Idee, Hoffmann Worte zuzuwerfen, aus denen er eine Kurzgeschichte verfassen sollte. Es wurde eine Frauengeschichte, genannt „Die Folgen eines Sauschwanzes“. Ein Auszug:

„An einem schönen Abende gingen wir, uns zu zerstreuen, nach Bug. Kaum hatten wir uns hingesetzt, als ein Mädchen in die Stube trat und nach einem leichten Gruß sich ebenfalls zu uns hinsetzte. Die Züge tiefer Schwermut lagen auf ihrem Gesichte, - sie weinte, und zog ein Papier hervor, in welchem etwas eingewickelt war, und welches sie inbrünstig an die Brust drückte. Es gelang uns, ihr Vertrauen zu gewinnen, - sie entfaltete das Papier, und siehe da, es war ein kleiner, niedlicher Sauschwanz darin enthalten, den ein scheidender Liebhaber, der rüstige Fleischerknecht des Städtchens, ihr zum ewigen Andenken gegeben hatte. „O Pankraz! Pankraz!“, rief sie voll wehmütiger Begeisterung, ergriff eine Flasche Branntwein, lüftete den Pfropf und tat einen tüchtigen Schluck.

Rasch sprang sie dann auf den Tisch, drehte sich in den Touren der Anglaise zwischen Krügen und Gläsern, die alle zersprangen, ... unmutig schob der Kanonikus Seubert seine in Hühnersauce gefallene Bratwurst fort, und besprützte sehr den Doktor Speyer, der über den Tisch gelehnt mit der Brille gewisse Aussichten suchte, die des Mädchens schneller Tanz darbot. Sie versucht sich durch einen schnellen Sprung über ihn weg zu retten – sie springt zu Kunz – trifft ihn – wirft ihn, – er, Mädchen, Speyer, Bratwurst liegen am Boden. ...“

Der hier erwähnte Weinhändler und Verleger Kunz und auch E.T.A. Hoffmann werden noch mit anderen Frauengeschichten bekannt. (Vgl. Julia Mark, des Dichters platonische Liebe, S. 153 und Nanette Brunner und Paul Anselm Ritter von Feuerbach, S. 160)

Julia Mark, des Dichters Hoffmann platonische Liebe

Der Romantiker und Dichter E.T.A. Hoffmann (1776–1822) war gelernter Jurist. Er hatte nach der Niederwerfung Preußens durch Napoleon seine Beamtenstellung als Gerichtsrat in Posen verloren. Arbeitslos suchte Hoffmann in Berlin sein Glück und ließ seine Frau Michaelina (Mischa) mit Töchterchen Cäcilia in Posen zurück. In seiner Abwesenheit erkrankten beide schwer und Cäcilia verstarb. Es ist eine der dunkelsten Zeiten im Leben des Künstlers, der nun Trost in der Musik suchte, mit der er sich schon immer beschäftigt hatte. Durch eine Annonce im „Reichsanzeiger" hoffte er, eine Stelle als Musikdirektor an irgendeinem Theater zu finden. So führte ihn sein Weg nach Bamberg, wo gerade die „königlich privilegierte Schaubühne" gegründet worden war. Am 1. September 1808 trifft das Ehepaar Hoffmann mit größten Erwartungen in Bamberg ein. Der Einstieg verläuft jedoch sehr unglücklich. Hoffmann hatte den ersten Geiger in seiner Funktion als Kapellmeister verdrängt, war aber selbst als Dirigent völlig unerfahren. Das Orchester intrigierte und folgte seinem Taktstock nicht. Bereits bei seinem ersten Auftritt fiel Hoffmann in Ungnade und wurde nach und nach demontiert. Nun musste er ihm verhassten Klavier- und Gesangsunterricht geben, um überleben zu können. Dabei lernte er **Julia Mark** kennen und geriet in eine pathologische Obsession.

Julia war die Tochter von Philipp Mark, der sich 1793 als US-Konsul für den fränkischen Kreis in Bamberg niedergelassen hatte. Die Familie bezog eine Wohnung im Haus Lange Straße 13 unweit des Bruders Adalbert

Wohnhaus des Romantikers E.T.A. Hoffmann am Schillerplatz

Friedrich Markus, von dem noch zu sprechen sein wird. Philipp Mark starb 1801 und Mutter Franziska bemühte sich um die standesgemäße Ausbildung der Töchter. Dazu gehörte Gesangs- und Klavierunterricht. Julia war zwölf, als E.T.A. Hoffmann 1809 ins Haus kam. Das Kind war äußerst begabt und aus der Zuneigung des neunzehn Jahre älteren, verheirateten Mannes wurde Liebe, die – wie Hoffmann selbst schreibt – im Wahnsinn endete. In seinen Tagebüchern nennt er sie Käthchen (nach Kleists „Das Käthchen von Heilbronn") oder verkürzt „Kthch" oder „Ktch", damit seine Frau Mischa seine heimliche Liebe nicht entlarvt. Als die Angebetete mit einem kränklichen Hamburger Kaufmann aus reichem Hause verlobt wird, eskaliert die Geschichte am 6. September 1812 in einem Eklat, der E.T.A. Hoffmann Hausverbot einbrachte. Es war ein Familienausflug nach Pommersfelden unternommen worden, an dem auch der Dichter teilnahm. Dem Alkohol wurde heftig zugesprochen, wobei man wissen muss, dass Hoffmann notorischer Trinker und dementsprechend standfest war. Der Weinhändler und Verleger Kunz, Freund des Poeten, berichtet: *„Den Flaschen wurde kräftig zugesprochen. Die Gesichter des Bräutigams und des Nebenbuhlers*

Hoffmann fingen an zu glühen. Diverse verzwickte Reden von seiten des letzteren und ziemlich indeccente Späße des ersteren mochten die Frau Mama, sogleich nach eingenommenem Dessert, wohl zu dem Vorschlage veranlaßt haben, einen Gang in den Garten zu versuchen.

Kaum im Hofe vor dem Schlosse angekommen, bemerkten wir, daß der Bräutigam gewaltige Winkel, mal nach rechts, mal nach links, ausmaß, und die Braut kaum imstande war , ihn zu halten. Ein derber Ruck geschah, der die arme Julia niederzureißen drohte: – Hoffmann sprang, sie zu halten, hinzu, ich auf die Seite des Sinkenden; allein zu spät, – der Sturz war geschehen, und der Ehekandidat lag, alle Viere von sich streckend, auf dem Erdboden. Julia erblaßte, rang die Hände, ... Hoffmann glühte vor Zorn und sich gegen mich wendend, entfuhren ihm die mit lauter Stimme gesprochenen Worte: „Sehen Sie, da liegt der Schweinehund! Wir haben doch alle getrunken, wie er, uns passiert so etwas nicht! Das kann nur so einem gemeinen, prosaischen Kerl passieren!" Alles erschrak bei

Wohnhaus von Julia Mark in der Langen Straße

diesen, mehr schreiend als redend ausgestoßenen Worten. Julia warf Hoffmann Blicke der Verachtung zu, der Mutter entfuhren heftige Vorwürfe."

Am Folgetag schickt Hoffmann ein Entschuldigungsschreiben an Mutter Franziska Mark: *„Auf eine mir selbst unbegreifliche Weise bin ich gestern mit einem gewaltsamen Ruck nicht berauscht worden – nein – in einen völlig wahnsinnigen Zustand geraten ... Nur der Gedanke, daß man Wahnsinnige in ihren wütendsten Ausbrüchen nur bemitleiden, ihnen das Böse, was sie in diesem Zustande tun, aber nicht zurechnen kann, läßt mich hoffen, daß Sie mir ... verzeihen werden ...*" Doch dieses Schreiben konnte nichts bewirken. Der Kontakt zu Julia wurde untersagt. Die Mutter schreibt an die Tochter, dass sie sich *„unter keiner Bedingung jemals mehr mit ihm befassen*" werde. Ein Jahr später verließ Hoffmann Bamberg, doch seine Liebe blieb und die Erinnerung an sie floss in viele seiner literarischen Frauenfiguren ein. Julia heiratete den Kaufmann und zog nach Hamburg. Nach dem Tod ihres Mannes 1821 und einer zweiten Ehe mit ihrem Vetter in Arolsen zog sie 1857 zu den Kindern ihres verstorbenen Bruders nach München und starb dort zwei Tage vor ihrem 70. Geburtstag. Noch 1820 schrieb Hoffmann an seinen Freund, Vetter von Julia, den Arzt Dr. Friedrich Speyer (vgl. Die vergessene Schriftstellerin Amelie Godin, S. 149), dass sie *„das Engelsbild aller Herzensgüte, aller Himmelsanmut*" sei. Der Weinhändler und Verleger Carl Friedrich Kunz, Freund der Familien Markus, Freund von E.T.A. Hoffmann und Vertrauter der gehobenen Bamberger Gesellschaft vermerkt in seinen Lebenserinnerungen: *„Dem Leser schwebt aber höchst wahrscheinlich die Frage auf der Zunge: ‚War denn diese Angebetete ein so überirdisches Geschöpf, dass sie*

einem in der Welt versuchten, erfahrenen Manne wie Hoffmann ... den Kopf so völlig verdrehen konnte?' Die Beantwortung dieser Frage fällt mir sehr schwer, theils, weil ich fürchten muß, viele seiner Verehrer aus ihrem Traumhimmel zu reißen, und theils weil ich dadurch den das Haupt unsers Freundes umleuchtenden Nimbus verjage und ihm dafür einen recht schönen feinen Filzhut nach neuester façon aufsetzen muß. Der dem Leser versprochenen Wahrheit bin ich aber dieses Opfer schuldig. Fräulein Julia war ein recht hübsches, blühendes, liebenswürdiges Mädchen ... ja der nüchterne anatomirende Verstand würde sogar gefunden haben, dass jene etwas über die Gebühr gefüllten und gerötheten Wangen eher den Pinsel der niederländischen, als der italiänischen Schule beschäftigen könnten, und dass das Embonpoint (Wohlbeleibtheit) *des Körpers ebenfalls eher in den Gemälden eines Rubens als eines Raphael anzutreffen sei. ...*"
Mischa, die Ehefrau Hoffmanns, nahm die leidenschaftliche Schwärmerei ihres Mannes, die ihr nicht verborgen geblieben sein konnte, offenbar mit Gelassenheit. Sie bleibt die Frau an seiner Seite, ist ihm Halt und Muse. Immer fiel sie durch ihre stille, bescheidene Art und ihre Anspruchslosigkeit auf. Ihre Persönlichkeit verlor sich völlig hinter dem wirren Wesen ihres Mannes. Kunz schildert folgende Szene: „*Immer verfolgte ihn die Ahnung geheimer Schrecknisse, die in sein Leben treten würden. Doppelgänger, Schauergestalten aller Art, wenn er schrieb, sah er sie wirklich um sich und deshalb, wenn er in der Nacht arbeitete, weckte er die schon schlafende Frau, die ihn kennend und liebend, willig das Bette verließ, sich ankleidete, mit dem Strickstrumpf sich an seinen Schreibtisch setzte und ihm Gesellschaft leistete, bis er fertig war.*"

Theresia Zimmermann, Mutter der unehelichen Kinder von Dr. Adalbert Markus

Israel Markus kam als Kind jüdischer Eltern 1753 in Arolsen zur Welt und konvertierte 1781 in Bamberg zum katholischen Glauben. Von diesem Zeitpunkt an trug er den Namen Adalbert Friedrich Markus. Nach einem Medizinstudium praktizierte er kurze Zeit in seinem Geburtsort, wechselte 1776 nach Würzburg ans Juliusspital und ein Jahr später nach Bamberg. Hier wurde er rasch zum besten Arzt der Stadt und Fürstbischof Franz Ludwig von Erthal berief ihn, nachdem er ihn persönlich getauft hatte, zu seinem Leibarzt. In diesem Jahr 1781 heiratete Dr. Markus die Bambergerin Maria Juliana Schlör. Die Ehe war nicht glücklich, denn die Eheleute waren, wie der hinlänglich bekannte Weinhändler und Verleger Kunz berichtet, „*ganz gegensätzlicher Natur.*“ Das Leben von Dr. Markus in der Öffentlichkeit, seine Berufskarriere und sein Freundeskreis aus Künstlern und Dichtern, unter ihnen als engster Freund E.T.A.Hoffmann, entfremdeten ihn von Juliana, die – kinderlos geblieben – lediglich die häuslichen Gesellschaften zu bestreiten hatte. So fand sie sich damit ab, dass ihr Mann ein Verhältnis mit **Theresia** Schlör (1777–1812), verheiratete **Zimmermann**, ihrer eigenen Nichte, einging und bis zum Tode von Theresia 1812 beibehielt. Dieser Beziehung, die bereits ein Jahr nach der Hochzeit von Theresia 1802 begann, entsprangen ein Sohn und drei Töchter.

Der 1802 geborene Sohn und die 1809 geborene erste Tochter kamen im Wohnhaus der Mutter in der Frauenstraße 19, die 1810 und 1812 geborenen Töchter im

Wohnhaus von Theresia Zimmermann, Frauenstraße 19 (Bildmitte)

Wohnhaus von Dr. Markus in der Langen Straße 27 zur Welt. Offenbar wohnte die junge Frau seit dem dritten Kind gemeinsam und einvernehmlich mit der Ehefrau im Hause des Geliebten. Doch auch Theresia musste vielfache Seitensprünge des beliebten Arztes akzeptieren. Dr. Markus war gut aussehend, hatte einen leicht orientalischen Einschlag und wurde von vielen Frauen schwärmerisch verehrt. Er seinerseits hatte einen Hang zum Theater und den dortigen Schauspielerinnen. Julia Mark, seine Nichte, wird später erzählen, dass ihr Onkel *„eifersüchtiger Protektor aller Schauspielerinnen des Landes“* gewesen sei. Für seine Liebesabenteuer hatte Dr. Markus zwei Dependancen: die ehemalige Prälatenwohnung im Kloster St. Michael und Räume in der von ihm gekauften Altenburg.

Am 1. Juli 1812, elf Tage nach der Geburt des vierten Kindes, verstirbt seine langjährige Geliebte Theresia im Markushaus in der Langen Straße. Juliana Markus versorgte die unehelichen Kinder ihres Mannes als wären es die eigenen, dies in zunehmendem Maße, nachdem die Mutter verstorben war. So stimmte sie auch ohne Zögern der Adoption der Kinder zu. Als Dr. Markus im April

1816 starb, musste seine Witwe feststellen, dass ein Schuldenberg vor ihr lag, der nur durch die Versteigerung sämtlichen Hab und Gutes abgetragen werden konnte. Sie bittet für sich und die Kinder um eine angemessene Pension. Eine Witwenrente wird Juliana Markus zugebilligt, die Waisenpension für die Kinder jedoch nicht. Und so kam es, dass die beiden überlebenden Markustöchter „zur linken Hand", besonders nach dem Tod der Adoptivmutter 1826 in bitterer Not leben mussten. Carolina, die 1809 geborene erste Tochter starb 1867 im Würzburger Juliusspital und Franziska, die 1812 Letztgeborene, fand als Armenpfründnerin Aufnahme im Bamberger Bürgerspital, wo sie 1900 das Zeitliche segnete.

Nanette Brunner und Paul Anselm Ritter von Feuerbach

Paul Anselm Feuerbach, seit 1808 Ritter von Feuerbach, wurde 1775 vorehelich geboren. Sein Vater, Spross einer Juristenfamilie, war damals noch Student der Rechte in Jena. Später wurde er Notar in Frankfurt. Dort verlebte Feuerbach seine Jugend. Noch während seines Philosophiestudiums tat er es seinem Vater gleich. Ein leidenschaftliches Liebesverhältnis, das nicht ohne Folgen blieb, und eine frühzeitige Heirat stürzten ihn in eine Notlage. So gab er die geliebte Philosophie auf und wechselte zu der, wie er sagte „Zwangs-, Not- und Brotwissenschaft", der Juristerei. Nach etlichen Wirrungen kam Anselm an das Bayerische Justizministerium mit der Aufgabe, ein neues Bayerisches Strafgesetzbuch auszuarbeiten. Sein Werk brachte ihm den erhofften Ruhm und er stand nun unangefochten an der Spitze der

Wohnhaus der Familie von Feuerbach, Domstraße 5

deutschen Strafrechtswissenschaft. 1814 wird er zum Vizepräsidenten des Bamberger Appellationsgerichts und zum Geheimrat ernannt. Er war 39 Jahre alt und brachte neben seiner Frau noch seine acht Kinder mit. Man bezog Wohnung in der Dompropstei, Domstraße 5. In Bamberg schloss er sich nicht dem Adel, sondern dem berühmten Kreis der Romantiker an: Dr. Markus, E.T.A. Hoffmann, dem Verleger Friedrich Karl Kunz, dem Dichter Friedrich Gottlob Wetzel, um nur einige zu nennen. Bei ihnen fand er jede Rechtfertigung, auch für die Verwirrung seines Herzens und für die offene Kränkung seiner Frau Mine. Feuerbach handelte in der Vorstellung, einem Genie wie ihm sei jedes Ausleben gestattet. Mine, einst stürmisch umworben, war eine einfache Frau, die sich ganz ihrer großen Familie widmete. Ihrer Liebe und Abhängigkeit war sich Feuerbach sicher und machte sich auf die Suche nach Abenteuern. Zunächst schwärmerisch verehrte er **Nanette Brunner**, eine verheiratete Frau, die er in München kennen gelernt hatte. Er sah in ihr seine Muse und ist damit E.T.A. Hoffmann mit sei-

Refugium von Nanette Brunner Sutte 37 (links)

ner Julia vergleichbar. Doch bei Hoffmann blieb die Verehrung platonisch, während sich bei Feuerbach die Beziehung erotisch vertiefte, was nicht ohne Folgen blieb. Im Januar 1815 kam Nanette nach Bamberg, um hier heimlich ein gemeinsames Kind zur Welt zu bringen. Feuerbach brachte sie unter falschem Namen im Haus Sutte 37 unter. Nanette musste in diesem kleinen, aber ganz in der Nähe von Feuerbachs Wohnhaus gelegenem Anwesen leben wie eine Gefangene.

Der Weinhändler Kunz war sein Vertrauter und organisierte das Komplott, obwohl er die Begeisterung Feuerbachs nicht verstand. Er sah in Nanette eine ganz gewöhnliche Frau mit gesundem Verstand, aber ohne geistige Schärfe und Tiefe. Von anderer Seite wird sie als *„ein gemeines Weib, aber nicht ohne Reiz für gemeine Sinnlichkeit“* bezeichnet.

Im Februar entbindet Nanette und kehrte im Mai mit ihrem Kind nach München zurück. Ihr Aufenthalt in der fränkischen Domstadt war unentdeckt geblieben. Doch schon im Oktober kam sie erneut nach Bamberg, um für vier Monate Aufenthalt im Hause Feuerbach zu nehmen. Feuerbach schreibt: *„Meine Frau lebt mit Nanette wie mit ihrer besten Freundin.“* Doch er unterschätzte seine Gattin, die ihn im Folgejahr nötigte, einen Trennungsvertrag mit ihr zu schließen. Erst nach dem frühen

Tod der Geliebten 1821 fand das Ehepaar wieder zusammen. Feuerbach verließ 1817 Bamberg, die Stadt, die er nun als *„Verbannungsort“* empfand, in welchem ihn das *„Gefühl geistigen Todes“* ergriffen hatte. Auch hier ist er E.T.A. Hoffmann verwandt, der nach anfänglicher Euphorie beim Verlassen der Stadt 1813 sagte, er habe in Bamberg *„seine Lehr- und Marterjahre“* verbracht.

Die letzten Jahre der Malerin Barbara Krafft nata Steiner

Im Haus mit dem klangvollen Namen „Zur Rose“, Lange Straße 14 wohnte von 1821 bis 1825 die hochbegabte Malerin **Barbara Krafft**.

Das Mädchen wurde als Tochter des Malers Johann Nepomuk Steiner am 1. April 1764 in Mähren geboren. Ihr Vater war kaiserlicher Hofmaler und machte das begabte Kind frühzeitig mit Porträtmalerei bekannt, die sie rasch mit großer Meisterschaft betrieb. Sie begleitet den Vater nach Wien und heiratet dort 1789 den Apotheker Joseph Krafft. Drei Kinder wurden geboren. Franziska, die erstgeborene Tochter verstarb rasch. Es folgte eine zweite Tochter und

Barbara Krafft, Gemälde im Salzburger Museum Carolino-Augusteum

schließlich der Sohn Johann August, dem die künstlerische Begabung mit in die Wiege gelegt wurde. Ehe und Kinder hinderten Barbara nicht daran, Aufträge in Salzburg und Prag anzunehmen. 1804 lässt sie sich ohne ihren Mann, der in Wien blieb, in Salzburg nieder und schuf fast ausschließlich Porträts für den Adel und das Großbürgertum. „*Die dreiste Manier, so wie man dieses nie von einem Frauenzimmer gesehen*“, gefiel. Ab 1815 vagabundiert sie durch verschiedene Städte Bayerns, bis sie sich 1821 mit ihrem Sohn in Bamberg niederlässt. Sie mietet eine Wohnung im Hause der Geheimratswitwe Schubert in der Langen Straße. Warum sie Bamberg als Alterssitz wählte, ist unbekannt. Im Laufe ihrer letzten vier Lebensjahre schuf sie in Bamberg zahlreiche Porträts, von denen noch 19 existieren. Eine Überlieferung, dass die Künstlerin weit über 100 Werke geschaffen haben soll, erscheint wenig glaubhaft. Ihre Bilder sind prinzipiell von hohem Niveau, dennoch kann man feststellen, dass ihr Männerporträts mehr lagen als Frauenbildnisse.
Barbara Krafft starb in ihrer Wohnung am 28. September 1825 im Alter von 62 Jahren an einer „Herzentzündung.“ Der Tod setzte dem Schaffen ein überraschendes und jähes Ende. Sie wurde auf dem Bamberger Friedhof beigesetzt. Ihr Grab existiert nicht mehr. Ihr Sohn Johann August veräußerte den Nachlass und heiratete im Folgejahr die Bambergerin Karoline Eleonore Endert, Tochter eines Oberstleutnants. 1828 zog er als Maler und Lithograph nach München, kehrt jedoch 1853 nach Bamberg zurück und verstarb hier im Jahre 1870.

Amalie von Oldenburg, Königin von Griechenland, und ihre Hofdamen

Am 15. August 1836 hält der junge König Otto I. von Griechenland, zweiter Sohn des Bayernkönigs Ludwig I., um die Hand von **Amalie von Oldenburg** (1816–75) an. Er schreibt an seinen Vater: „*Die Herzogin ist eine anmutige Erscheinung, schön in jeder Hinsicht ... Darüber hinaus gibt es keinen Zweifel, daß sie eine aufrichtige Charakteranlage besitzt. In dieser Hinsicht wird sie ihrem Manne nicht zur Qual werden.*"

Die Hochzeitsfeier fand ohne großen Pomp in Oldenburg statt, da Amalie Protestantin war. Im Februar reiste sie mit ihrem Mann nach Griechenland und eroberte die Herzen der Griechen im Sturm. Kurze Zeit darauf wurde sie schwanger, erlitt jedoch eine Fehlgeburt und konnte kein Kind mehr bekommen. 25 Jahre lebt sie mit ihrem Mann als Königin von Griechenland, bis sie 1862 nach einer Revolution das Land verlassen müssen.

Einige Monate residiert das Paar in München, dann überwirft sich Amalie mit ihrem Schwager König Maximilian II. und man bietet ihnen Bamberg als Residenz an. Am 18. September 1863 erfolgt die Übersiedlung in die Provinz. König Otto bezieht die so genannten Kaiserappartements im zweiten Geschoss der Neuen Residenz, während Amalie mit ihrem Hofstaat die erste Etage bewohnt. Schon im Februar 1864 erklärt die Königin ihren Beitritt in den Bamberger Frauenverein und setzt sich immer und energisch für die Rechte der Frauen ein. Die Illusion ihres griechischen Königtums hielt sie aufrecht, indem am Hof griechisch gesprochen wurde, man sich griechisch kleidete und ein Großteil der Hofdamen Griechinnen waren. Die erste Hofdame und enge Freundin der Königin Aspasia Karpuni unternahm mit Amalie gerne ohne männliche Begleitung weite Ausritte. Häufig gewähltes Ziel war die nahe Altenburg, wo bis heute die so genannte Amalienklause an die Aufenthalte der Königin erinnert. Amalie schwelgte hier der sehnsuchtsvollen Erinnerung an ihr kleines Sommerschloss „Tour la Reine" vor den Toren Athens. Das Leben verlief angenehm, wie man aus Briefen Amalies erfährt. So berichtet sie 1866: *„Im Theater hatten wir einen großen Genuß, eine geborene Bambergerin, Frau Burggraf, gab drei Vorstellungen, die wirklich wundervoll waren."* Eine andere Begebenheit schildert Amalie in folgenden Zeilen: *„Wir ... überraschten Kleinschorters bei einem Balle, den sie gaben. Das glückte so vollkommen, daß Frau von Kleinschort einer Bildsäule gleich dastand und uns anstierte, ehe sie uns erkannte, als wir eintraten; wir haben sehr gelacht."* Mitte des Jahres 1866 war es dann mit dem Lachen vorbei: Im Zuge des Krieges zwischen Preußen und Österreich wurde Bamberg Bayerisches Militärhauptquartier. Unter dem Protektorat der Königin wurden zwei Lazarette eingerichtet und in der Residenz ein Übernahmelager für Sachspenden vorgehalten. Das „Tagblatt" berichtet: *„Vorgestern besuchte ... Königin Amalie von Griechenland wiederholt die beiden*

**Amalie von Oldenburg
Königin von Griechenland**

Die Hofdamen Regina Philon (links) und Aspasia Karpuni (rechts)

Heilanstalten für verwundete Krieger, welche unter allerhöchst ihrem Protektorate stehen, und sprach jedem Verwundeten einzeln Trost zu.“

1867 stirbt ihr Gemahl König Otto an Masern, die er sich bei einer Reise in Bremen zugezogen hatte. Auch Amalie war erkrankt, doch überstand sie die Seuche wegen ihrer besseren Konstitution. Sie bewohnt weiterhin die Bamberger Residenz, doch ihre öffentlichen Auftritte werden seltener. In den letzten Jahren muss sie auch das geliebte Reiten einstellen, denn wegen ihrer Vorliebe für Süßigkeiten hatte sie sehr an Leibesfülle zugenommen. So berichtet der 1864 geborene Adolf Messerschmitt später in seinen Jugenderinnerungen: „*Die Königin habe ich nur in Erinnerung als eine sehr kleine dickliche Frau und habe sie nur immer im Wagen ... fahren gesehen. Sie kutschierte selbst und fuhr durch die Straßen der Stadt, stets in starkem Trab. ... Die Königin, welche in den jüngeren Jahren eine der rücksichtslosesten Reiterinnen war, hatte durch einen Fall mit dem Pferde einen Oberschenkelhalsbruch erlitten, infolgedessen konnte sie nicht mehr reiten und nun glaubte sie durch sehr schnelles Fahren die Folgen der bei ihr eingetretenen Fettleibigkeit – sie war sehr stark geworden – wieder zu vermindern."*

Amalie von Oldenburg, die Königin von Griechenland, stirbt acht Jahre nach ihrem Mann in der Bamberger Residenz. Sie hatte sich auf einer Kur, die sie wegen ihrer schweren Gicht in Bad Brückenau genommen hatte, eine Lungenentzündung zugezogen. Amalie wurde an der Seite ihres Mannes in München beigesetzt.

Besondere Bewunderung riefen die griechischen Hofdamen der Königin in Bamberg hervor. Die erste Hofdame Aspasia Karpuni war 1837 in Nauplia geboren worden und Amalie brachte sie aus Griechenland mit nach Franken. Bei Hofe hatte sich Freiherr Franz Konrad von Schrottenberg in sie verliebt und die Königin ermutigte ihn, um ihre Hand anzuhalten. Am 21. Juni 1866 fand die Hochzeit in der Residenzkapelle zu Bamberg statt. Amalie und Otto von Griechenland waren anwesend. Das Hochzeitsgeschenk der Königin befindet sich heute noch im Schloss der Familie von Schrottenberg in Reichmannsdorf: kostbare Wandbehänge mit Motiven aus der Didosage. Die Ehe verlief glücklich aber kinderlos. Aspasia verstarb 1912 in München.

Regina Philon trat Ende 1866 als 16-jährige in die Dienste der Königin in Bamberg. Sie blieb sechs Jahre Kammerfrau: „*Wenn ich in Reginas liebes Gesicht blicke, geht mir die Sonne Griechenlands auf*", soll die Königin immer gesagt haben. Sie entflammte den Freiherrn Ludwig von Würtzburg, dem sie aber erst mit 22 Jahren das Ja-Wort gab. Regina hatte ihren „Louis" gleich nach ihrer Ankunft kennen gelernt, als er verspätet zu einem Empfang der griechischen Majestäten in der Residenz erschien. Er stürmte die Treppe hinauf und rannte die

16-jährige fast um. Sie verliebten sich sofort, doch eine Ehe erschien unmöglich. Erst als der ältere Bruder des Bräutigams auf seine Erstgeburtsrechte verzichtete und Jesuitenpater wurde, war die Verbindung möglich. Die Verlobung fand unter einer Blutbuche im Hofgarten der Bamberger Residenz statt. Am 8. März 1873 wurden sie im Dom getraut. *„Als während des Ersten Weltkrieges ein halbes Jahrhundert später nach den Tagen des jungen Glücks Königin Maria Theresia von Bayern aus Bamberg kommend nach Wildenwart nahe bei Aschau fuhr, brachte sie der Baronin Würtzburg, die gerade bei ihrer Tochter weilte, ein Büschel Buchenlaub von jenem Baum mit, sicher eine zarte und treue Aufmerksamkeit der edlen Fürstin."* So vermerkt die Familienchronik. Die Buche existiert nicht mehr!

Die Blutbuche im Rosengarten der Neuen Residenz

Regina liebte ihr Griechenland über alles und reiste oft nach Athen. In einem Nachruf wird jedoch berichtet: *„Fern vom Boden ihrer klassischen Heimat, an der sie immer mit ganzem Herzen und tiefer Sehnsucht hing, war sie eine treue deutsche Frau und Mutter geworden, die opferfreudig und gottergeben, ihren einzigen Sohn, die Freude ihres Lebens, dem neuen Vaterland zum Opfer brachte. Sein Tod knickte die Kraft ihres Lebens."* Der Sohn ist im Ersten Weltkrieg gefallen.

Madeleine Baronne Deslandes und ihr Roman „Ilse“

Madeleine Baronne Deslandes gehörte zur gebildeten gehobenen Pariser Gesellschaft. Zur Unterhaltung der Damen zählte in diesen Kreisen auch die Teilnahme an Kulturereignissen im Ausland. So besuchte Madeleine gemeinsam mit ihrer Mutter die Wagnerfestspiele in Bayreuth. Das Programm umfasste neben den Konzerten auch Ausflüge zu den bedeutenden Sehenswürdigkeiten der Umgebung. Ein Tag war für Bamberg vorgesehen, und die junge Frau war so überwältigt von den Reizen der Stadt, dass sie den Roman „Ilse“ schrieb. Als Autorin nannte sie nicht ihren eigenen Namen, sondern versteckte sich hinter dem Pseudonym „Ossit“. 1875, kurz nach Fertigstellung ihres kleinen Büchleins, bittet sie ihren Freund Georg Freiherrn von Ompteda um Übersetzung ins Deutsche.

Die Geschichte handelt von einem 17-jährigen wunderschönen Fischermädel, das mit dem Kaufmann Rotkäppel verheiratet werden sollte. Der Kaufmann wohnte in einem prachtvollen Haus an der Oberen Brücke.

Eines Tages jedoch kommt ein junger Edelmann aus Bayreuth, Prinz Brian von Trevi. Er besuchte dort die Festspiele: *„Sehr schön war er und sehr verzogen ... ein Bummler – er bummelte durchs Leben und wußte, daß er unnütz war.“*

Ilse und Brian lernen sich kennen und Ilse verliebt sich unsterblich. Drei Tage verbringen die beiden gemeinsam, dann verlässt Brian die Stadt mit dem festen Versprechen, im nächsten Jahr wiederzukommen. Von diesem Moment an ist Ilses Fröhlichkeit gewichen, sie aß kaum noch und wurde blass und krank vor Sehnsucht.

Das Haus des Kaufmannes Rotkäppel an der Oberen Brücke

Ihr Kaufmann und die geplante Zukunft mit ihm waren vergessen.

Das Jahr verging und es nahte der Tag der Rückkehr des Geliebten. Voller Freude lief Ilse zum Dom, um dem steinernen Reiter, mit dem sie immer Zwiesprache hielt, Blumen zu bringen, wie sie es häufig tat. Es stand eine Leiter an der Skulptur, weil man sie reinigen wollte. Sie stieg hinauf, um ihm ihre Freude ins Ohr flüstern zu können und stürzte ab. Schwer verletzt brachte man sie nach Hause, wo sie noch beim letzten Atemzug auf die Rückkehr Brians hoffte. Doch er kam nicht, denn Ilse war für ihn nur eine seiner vielen Romanzen.

Zwei Jahre später aber erinnert sich der Prinz an das Fischermädchen und weil ihn die Festspiele und seine dortige Geliebte, die Herzogin von Toledo, langweilen, beschließt er, nochmals nach Bamberg zu fahren. Er erfährt vom Kummer und Tod Ilses und lässt sich zu ihrem Grab bringen: *„Auf einem Kreuze stand einfach nur „Ilse“. ... Um dieses Kreuz herum lag ein Zaubergarten, als ob alle Blumen sich dorthin geflüchtet hätten, alle Blumen, die von der übrigen Erde verschwunden. ... Und Brian war es, als ob aus diesen Blumen Ilses liebliche, kindliche Seele schluchze.“*

In Bamberg wirkt der bedeutende Architekt Hans Erlwein. Er baut das Elektrizitätswerk (heute VHS), die Luitpoldschule und das Chirurgische Krankenhaus. 1912 wird im Beisein seiner Königlichen Hoheit Prinzregent Luitpold der Staatshafen eröffnet. 1918 flieht die Bayerische Regierung aus München nach Bamberg. Es entsteht hier die „Bamberger Verfassung". 1923 gründet der 25-jährige Student Willy Messerschmitt die „Flugzeugbau-Messerschmitt-Bamberg". Mit geringen Schäden übersteht Bamberg den 2. Weltkrieg. Ein trauriges Kapitel dieses Krieges ist auch in Bamberg die Unterdrückung und Verfolgung jüdischer Mitbürger. 1962 wird die Regnitz zu einem Teil des Rhein-Main-Donau-Kanals ausgebaut. Es folgt die Eröffnung des neuen Hafens. 1979 wird die Gesamthochschule in Universität umbenannt. Das große Klinikum am Bruderwald entsteht 1984 und 1993 ziehen die Symphoniker in die neue Konzerthalle um. Zwei Jahre später erklärt die UNESCO Bamberg zur Weltkulturerbestätte.

Amelie Gehr, die Gründerin des Bamberger Frauenbundes

1903 war durch sozial engagierte Frauen in Köln der Katholische Frauenbund ins Leben gerufen worden. Amelie Gehr (1846–1933) gründete 1904 in Bamberg den ersten Zweigverein dieses Frauenbundes in der Erzdiözese.

Sie sah die Notwendigkeit gegeben, weil das Leben der Familien von den wirtschaftlichen Einschränkungen des Ersten Weltkrieges geprägt war. Gleichzeitig gab es für Frauen gravierende Veränderungen, mit denen nicht jede allein zurechtkam, und so machten sich Amelie Gehr und ihre Mitstreiterinnen der ersten Stunde zur Aufgabe, diesen Frauen zur Seite zu stehen. Die Neuerungen waren unter anderem das neu eingeführte Frauenwahlrecht, die Zulassung von Frauen zum Universitätsstudium, das Einstellungsrecht für Lehrerinnen oder die Änderung der Rentenversicherung. Die Gründerinnengeneration des Katholischen Deutschen Frauenbundes rief die so genannten „Sozialen Konferenzen" ins Leben. Darunter fiel die Gründung eines Fürsorgevereins, einer Rechtsschutzstelle für Frauen, einer Landfrauenvereinigung, einer Berufsberatungsstelle, einer Stellenvermittlung für Dienstmädchen, die Errichtung einer Hauswirtschaftsschule, die Betreuung von Kindern in Horten, von Waisen und Wöchnerinnen, die Ausübung von Säuglingspflege sowie die Einrichtung von Suppenküchen. Außerdem wurden Steno- und Französischkurse angeboten, und während des Krieges arbeiteten die Frauen auch in Lazaretten, Feldpostbüros und Bahnhofsküchen.

„Nichtmitgliedern, auch Damen, steht der Zutritt offen"

Es mussten erst Frauenvereine und Frauenbünde gegründet werden, um dem weiblichen Geschlecht die Möglichkeit zu geben, sich in irgendeiner Form zu organisieren. In normalen Vereinen zu wirken, war Frauen sehr schwer gemacht. Einer der bekanntesten Vereine Bambergs ist der Historische Verein. Er wurde 1830 gegründet und es wundert nicht, dass bei seiner konstituierenden Sitzung im Pfarrhof „Zu Unserer Lieben Frau" keine Frauen dabei waren. Laut Satzung war es zwar nicht ausdrücklich untersagt, dass Frauen Mitglied werden konnten, doch es dauerte nahezu siebzig Jahre, bis Freifrau Ludovica Horneck von Weinheim als ordentliches Mitglied geführt wird. Dies aber auch nur, weil sie die Mitgliedschaft ihres 1896 verstorbenen Mannes übernahm. 1905 wird ein wichtiger Beschluss gefasst: *„Es wurde die Frage aufgeworfen, ob es zulässig sei, zu den Vorträgen Damen zuzulassen, und beschlossen, der jedesmaligen Einladung im Tagblatte den Beisatz anzufügen: Nichtmitgliedern, auch Damen, steht der Zutritt offen.“* 1905 kam es zu einer durchgreifenden Reform der Vereinsstatuten. Wegen der Zulassung von Frauen zum allgemeinen Hochschulstudium (vgl. Amelie Gehr, die Gründerin des Bamberger Frauenbundes, S. 172) bestanden nun offenbar keinerlei Bedenken mehr, diesen revolutionären Schritt auch für den Verein zu gehen und Frauen die Vollmitgliedschaft zuzugestehen. 1907 und 1909 treten insgesamt fünf Lehrerinnen dem Historischen Verein bei, bis 1914 steigt die Zahl der Damen auf neun. Auch wenn der Frauenanteil langsam aber stetig anstieg, dauerte es bis 1967, dass ein weibliches Mitglied in den Ausschuss gewählt wurde. Bis heute jedoch war noch nie eine Frau Vorstand dieses Traditionsvereins.

Ähnliche Geschichten kann man auch von anderen Bamberger Vereinen erzählen. Der Verein der Bamberger Krippenfreunde, 1919 gegründet, lässt zunächst ebenfalls keine Frauen zu; diese dürfen ab 1925 beitreten. Eine andere „Minderheit“ muss sich länger gedulden: Erst 1956 werden Protestanten aufgenommen.

Wie eine Frau einem Bier zum Namen verhalf

Im Stadtteil Wunderburg kennt man ihren Namen noch, sonst hat ihn heutzutage wohl kaum einer je gehört. Die **„Wunderburger Liesl“** hat zu ihrer Zeit Schlagzeilen gemacht. Eigentlich war sie gar keine Hiesige. 1887 in Niederbayern als Tochter eines steinreichen Hopfenbauern geboren, kam sie mit 25 Jahren nach Bamberg und heiratete hier den Brauer Johann Michel.

Elise Michel
die „Wunderburger Liesl“

Elise ist seine dritte Frau. Johann Michel hatte wenige Jahre zuvor seine Brauerei mit immensen Investition vollständig erneuert, doch nun rächten sich die hohen Ausgaben. Nur ein Jahr nach der Hochzeit musste Johann Michel Konkurs anmelden und es kommt zur Zwangsversteigerung. Das höchste Gebot für die „Mahrsche Brauerei“ gibt Elise Michel, die junge und reiche Frau des Inhabers, ab. Ein geschickter, sicher wohl überlegter Schachzug! Sie wird damit 1913 Eigentümerin des Unternehmens und der gesamten Liegenschaften und die Brauerei ist für die Familie gerettet. Als Johann Michel 1927 stirbt, hat Elise ihm 5 Kinder geboren. Sie führt nun die Brauerei mit einer ausgedehnten Landwirtschaft erfolgreich weiter. Unterstützung findet sie durch ihre leiblichen und ihre Stiefsöhne. Elise Michel stirbt 1957 nach 44 Jahren Unternehmensleitung, die nun wieder in männliche Hände, nämlich die ihrer Söhne Wilhelm und Albert übergeht. Die beiden brauen im Jahr 1986 in Dankbarkeit und zum Andenken an ihre Mutter ein dunkles Exportbier, das sie „Die Wunderburger Liesl" nennen. Die Bamberger danken Elise Michel den Fortbestand einer Traditionsbrauerei.

(Information aus Christian Fiedler, Bamberg, Die wahre Hauptstadt des Bieres, 2004).

Clara Lessing und der Verein „Frauenwohl"

Clara Lessing

Clara, geborene Strauss (1858–1938) war die Frau des Hopfengroßhändlers Simon **Lessing**. Er gründete 1885 die erste Bamberger Großbrauerei, die 1901 von Prinz Rupprecht den Namen „Hofbräu" erhielt. 1903 starb Simon Lessing. Willy, der Sohn des Gründers, und seine Mutter Clara blieben mit der Mehrheit der Aktien Teilhaber und wirkten weiterhin am großen Erfolg des ständig expandierenden Brauereiunternehmens mit. Die Lessings hatten ihren Wohnsitz und das Stammhaus des Hopfenhandels in der Sophienstraße (heute Willy-Lessing-Straße 8). Die Familie besaß außerdem die Ziegelei an der Weizendorfer Straße. Für die Ziegelei in Gaustadt

und eine Dampfziegelei in Baunach ist Clara Lessing als alleinige Besitzerin eingetragen.
Clara wird in der bayerischen Ausgabe von „Die Deutsche Wohlfahrt im Kriege“ mit lobenden Worten erwähnt: „ ... *Nach dem frühzeitigen Tod ihres Gatten Simon Lessing im Jahre 1903 widmete sie sich fast ausschließlich dem caritativen Werk. U.a. verdanken die Niederbronner Schwestern das Entstehen eines eigenen Heimes und den Neubau eines Kinderheimes ihrer Mitwirkung. Außerdem gründete sie ein Mädchenheim, das an den Sonntagnachmittagen den im Berufe stehenden Mädchen Unterhaltung und Anregung gewährte.*“ Vor diesen Zeilen, die 1926 erschienen, gehörte Clara Lessing zu den Mitbegründerinnen des um 1905 entstandenen Vereins „Frauenwohl“. Diesem Verein stand sie von 1912 bis 1930 als Vorsitzende vor. 1916 wurde Clara in den Armenrat der Stadt gewählt. Das neue Armengesetz sah zwei Frauen in diesem Gremium vor. Eine davon war Clara Lessing. 1919 rief diese engagierte Frau die *Clara-Lessingsche-Wohltätigkeitsstiftung* ins Leben. Die Erträge dieser Stiftung wurden als Zuschuss für einen mehrwöchigen Erholungsurlaub zweier ausgewählter berufstätiger Frauen verwendet.
Ihre Mitarbeit im Roten Kreuz wurde ebenfalls öffentlich gewürdigt. In der schon zitierten Zeitschrift „Die Deutsche Wohlfahrt im Kriege“ von 1926 ist zu lesen: *„Clara Lessing gehört zu den Frauen des stillen Ruhms, des weiblichen Heldentums. Für ihre Vaterstadt ist sie in diesem Kriege zur wahren Priesterin der Heiligen Caritas geworden. Keine Hilfsaktion ... ohne daß sie ... sich selbst in hervorragender Weise eingesetzt hätte. ... Die in Bamberg errichteten Kurse für Lazarettarbeiten gehen auf ihre unmittelbare Initiative zurück. Innerhalb des Vereins „Frauenwohl“ richtete sie mit Kriegs-*

beginn besondere Schuhkurse ein mit dem Zweck, den Verwundeten in den Lazaretten unentgeltlich Schuhwerk zur Verfügung zu stellen. ... Sie war eifrig tätig in der neu geschaffenen Beratungsstelle für Kriegerwitwen und Kriegerwaisen." Clara Lessing starb im März 1938, zehn Monate vor ihrem Sohn Willy, der in der Reichskristallnacht nach der Rettung der Thora aus der brennenden Synagoge von Nazi-Schergen vor und in seinem Haus so zusammengeschlagen wurde, dass er später an den Folgen dieser Gewalttaten starb.

Emma Hellmann und der Eiserne Ritter

Gemeinsam mit Clara Lessing war die Bankiersfrau **Emma Hellmann** aktiv im Roten Kreuz tätig. Die beiden Frauen wohnten in unmittelbarer Nachbarschaft in der Sophienstraße (heute Willy-Lessing-Straße). Das Bankhaus Hellmann (Willy-Lessing-Straße 2) wurde 1888 von Kommerzienrat Hermann Hellmann (1853–1917) gegründet. 1905 übernimmt die Bayerische Handelsbank (später Hypo-Vereinsbank) das Haus und Hellmann wird leitender Geschäftsführer, bis er 1917 überraschend verstirbt. Noch zu Lebzeiten ihres Mannes stiftet Emma 1915 eine lebensgroße Holzfigur des hl. Georg, der als

Emma Hellmann

so genannter Bamberger Stadtritter auch das Wappen Bambergs im Schild trägt. Am 24. Oktober 1915 wird die Figur auf dem Maxplatz feierlich enthüllt. Der „Eiserne Ritter" sollte die Bamberger animieren, gegen eine Spende symbolisch einen Nagel zu kaufen, der dem Ritter eingeschlagen wurde. Je nach Höhe der Spende war das ein goldener, silberner oder eiserner Nagel. Am Tag darauf erscheint im „Bamberger Tagblatt" ein vierseitiger Bildbericht, in dem Emma Hellmann als *„eine auf dem Gebiet der Wohltätigkeit bekannte Dame"* bezeichnet und ihr Edelsinn gelobt wird. Der Artikel schließt: *„Nun steht er da, Bambergs Eiserner Ritter! Opferwillige Liebe hat ihn gestiftet, um bitteres Leid zu lindern. Opferwillige Liebe hat Nagel zu Nagel gefügt, und dem Ritter ein Panzerhemd geschmiedet, das noch in fernen Tagen Zeugnis geben wird von dem Opfergeist der Bamberger im Kriegsjahr 1915."* Emma Hellmann wurde 1942 von den Nazis in Minsk ermordet.

Jüdische Frauenschicksale zur Zeit des Nationalsozialismus

Hildegard Kupfer (geb. 1905) gründete 1927 einen Privatkindergarten (Knabenhort) in der Amalienstraße, der schon bei Gründung verunglimpft wurde: *„ ...daß wir es in dem erst kürzlich errichteten Kinderheim dieser Kupfer mit einem Konkurrenzunternehmen zu tun haben, das mit echt jüdischer Aufdringlichkeit dem von einer deutschen Schwester vorzüglich geleiteten Elisabethenheim ins Haus gesetzt wurde. ... Daß aber die Jüdin von dem demokratischen Freimaurer Dr. Bundle, dem das Haus gehört, überhaupt die Er-*

laubnis erhalten konnte, sich in das Haus ... einzudrängen, wirft wieder ein bezeichnendes Licht auf die Tätigkeit der Freimaurerloge ..." Im April 1933 wurde zum Boykott aufgerufen und schon im Mai 1933 wurde der Hort von einer Christin übernommen. Hildegard Kupfer flüchtete im gleichen Monat in die Niederlande, wurde dort im Oktober 1944 inhaftiert und in Auschwitz ermordet.

Marie Brandis (geb. 1895) betrieb seit 1911 in der Geyerswörthstraße 16 eine private Sprachschule. Ab Herbst 1935 durfte sie nur noch jüdische Schüler unterrichten. Ihre freie Berufsausübung war damit zu Ende und sie hatte kein ausreichendes Einkommen mehr. Daraufhin musste sie ihre Wohnung aufgeben und von Zuwendungen der jüdischen Gemeinde leben. Sie wurde im September 1942 in das „Altersghetto" Theresienstadt deportiert und ermordet.

Anna Nesselstrauß (geb.1882) war Dentistin. Ihre Praxis bestand seit 1918. Sie war mit einem zum Christentum konvertierten Juden verheiratet, der ab 1933 seinen Beruf als Inspizient am Bamberger Theater nicht mehr ausüben durfte. Er floh 1933 nach Luzern, wo er eine Anstellung am dortigen Stadttheater fand. Anna blieb in Bamberg, obwohl die Nazis aufriefen, ihre Praxis zu boykottieren. Da ihr Mann russischer Herkunft war, wurde ihr, obwohl sie in Bayern geboren war und immer hier gelebt hatte, die deutsche Staatsbürgerschaft aberkannt. Ihr Mann starb 1942 in Luzern. Anna Nesselstrauß überlebte die NS-Zeit in Bamberg.

Die Schwestern **Jenny und Regina Brief** hatten 1922 einen Wollwarenhandel in der Hauptwachstraße 17 eröffnet. 1934 zogen sie in das Anwesen Untere Brücke 2 um. Ihre Einnahmen müssen zu diesem Zeitpunkt schon sehr gering gewesen sein, da ihnen von der israelitischen Gemeinde das Kirchgeld erlassen wurde. Im Dezember 1938 erlosch ihre Gewerbeerlaubnis. Jenny Brief (geb. 1886) starb 1939 in der Nervenklinik St. Getreu. Regina Brief wurde nach Izbica deportiert und ermordet.

Irma Walter (geb. 1910) meldete im Dezember 1933 in der Luitpoldstraße 48 eine Damenschneiderei mit Fertigung kunstgewerblicher Handarbeiten an. 1938 bekam sie Berufsverbot, konnte aber ab Ende November 1941 erwirken, dass sie bis zur ihrer Deportation als Schneiderin für ausschließlich jüdische Kundschaft tätig sein durfte. 1942 wurde auch sie nach Izbica verschleppt und ermordet.

Laura Mondschein (geb. 1892) hatte 1931 am Maxplatz 14 eine private koschere Garküche eingerichtet, die bis April 1936 bestand. Dann übernahm sie die Gaststätte „Weiße Taube" am Zinkenwörth, die 1935 von der Israelitischen Gemeinde gekauft worden war, da jüdische Bamberger inzwischen in Bewirtungsbetrieben unerwünscht waren. Man wollte hier einen Ort schaffen, an dem man gesellig zusammenkommen und essen konnte. Er wurde Sitz der israelitischen Kultusgemeinde. 1936 wurde Laura Mondschein Geschäftsführerin. Sie blieb es jedoch nur ein Jahr und floh dann nach Unterfranken. 1941 wurde sie verhaftet, in die Nähe von Riga deportiert und ermordet.

Die Beschreibung jüdischer Frauenschicksale könnte fortgesetzt werden. Diese kleine Auswahl soll helfen, dass die Opfer nicht vergessen werden.

(Die Informationen zu den drei vorausgegangenen Kapiteln stammen aus dem Buch „Juden in Bamberg" von Herbert Loebl, 2000; siehe auch: „Bambergs Wirtschaft judenfrei", erschienen im Collibri-Verlag Bamberg 1998)

Nina Schenk Gräfin von Stauffenberg – ein besonderes Frauenschicksal

Nina von Stauffenberg kam 1913 in Kaunas in Litauen zur Welt. Ihre Eltern, Generalkonsul von Lerchenfeld und seine Frau Annie geb. von Stackelberg, lebten in einem großen Anwesen im Bamberger Hainviertel. Nina wächst in Bamberg auf, besucht das Institut der Englischen Fräulein und später ein Mädcheninternat in Wieblingen. 1930 lernt sie ihren zukünftigen Mann Claus Schenk Graf von Stauffenberg auf einem Ball kennen. Die Mutter ist begeistert: Er sei so gut erzogen und küsse den Damen immer korrekt die Hand. Ninas Freundinnen schwärmen von dem jungen Leutnant, weil er so gut tanzen könne. Das Paar verlobt sich noch im selben Jahr. Claus war nach dem Abitur 1926 ins traditionsreiche Bamberger 17-er Reiterregiment eingetreten, in dem schon sein Onkel diente. Nach einem Jahr Bambergaufenthalt wird Stauffenberg nach Dresden, dann nach Hannover versetzt. Nach seiner Rückkehr legt er 1929 in Bamberg seine Offiziersprüfung ab und wird 1930 Leutnant. 1933 heiratet er Nina mit dem Bemerken: *„Ich habe sehr schnell gemerkt, dass Du die richtige Mutter für meine Kinder bist!“*

Nina Schenk
Gräfin von Stauffenberg

Die Trauung findet in der Bamberger Jakobskirche statt. Im Jahr nach der Hochzeit wird Claus Schenk Graf von Stauffenberg nach Hannover und 1936 nach Berlin versetzt. Die letzten beiden Jahre vor seinem Tod wohnt er bei seinem Bruder in Lautlingen. Nina bleibt im elterlichen Haus in Bamberg und bringt hier 1934 Berthold, 1936 Heimeran, 1938 Franz-Ludwig und 1940 Valerie zur Welt. Sie ist mit dem fünften Kind schwanger, als ihr Mann am 20. Juli 1944 das Attentat auf Hitler ausführt. Nina befindet sich zu diesem Zeitpunkt bei ihrer Schwiegermutter in Jettingen (Württemberg).
Die Heldentat scheiterte und noch am gleichen Abend wird Claus Schenk Graf von Stauffenberg standrechtlich erschossen. Hitler schwor der Familie Stauffenberg „*Rache bis ins letzte Glied.*“ Tags darauf kam die Gestapo in die Bamberger Wohnung um Nina zu verhaften, fand dort aber nur die Mutter vor (der Vater war im Januar gestorben). Erst am 23. Juli frühmorgens wurde Nina mit ihren vier Kindern in Lautlingen gefangen genommen. Die Gräfin hatte in diesen Tagen Zeit, sich zu sammeln und auf das vorzubereiten, was sie nun erwartete. „*Diese zwei Tage waren wie ein Geschenk des Himmels*“, so ihre eigenen Worte. Über Haftanstalten in Rottweil und Berlin kam Nina nach Ravensbrück und verbrachte dort fünf Monate in Einzelhaft. Auch ihre Mutter war dort inhaftiert, ohne dass sie Kontakt miteinander hatten. Die Tochter erinnert sich: „*Nach drei Wochen wurde meine Mutter zusammen mit der ganzen Familie Stauffenberg in Sippenhaft genommen und damit begann eine wahre Odyssee durch zahlreiche Konzentrations- und sonstige Lager. Anfang Februar ist meine Mutter in einem SS-Straflager gestorben.*“
Anfang Januar wurde Nina von Stauffenberg in ein NS-Entbindungsheim in die Nähe von Frankfurt/Oder ver-

legt. Diese Klinik musste geräumt werden, doch Nina hatte Glück im Unglück und landete in der Privatklinik eines Frauenarztes in Frankfurt/Oder, wo sie am 27. Januar 1945 ihre Tochter Konstanze zur Welt brachte.

Die stauffenbergsche Burg Greifenstein in der Fränkischen Schweiz

Eine schlimme Infektion jedoch bereitet der Mutter starke Beschwerden. Mit einem Lazarettzug gelangt sie nach Potsdam und wieder in ein Krankenhaus. Zu allem Übel war nun auch noch das Baby schwer erkrankt. All das überstand sie ohne zu zerbrechen. Im Juni 1945 kam sie frei, und es gelang schließlich mit Hilfe von Verwandten, ihre Kinder wieder zu finden, die in Bad Sachsa in einem Kinderheim verwahrt wurden. Nina kehrte nach Bamberg in ihr Elternhaus zurück. Hier lebte sie bis vor wenigen Jahren. Ihren Lebensabend verbrachte sie in der Nähe von Bamberg bei einem ihrer Kinder. Hier verstarb sie am 2. Februar 2006. Nina Schenk Gräfin von Stauffenberg war der Stadt Bamberg im Herzen verbunden und hat viel für die Erhaltung des Stadtbildes und für den Denkmalschutz getan. Dafür wurde sie mit der Stadtmedaille geehrt. *„Wissen Sie, ich bin am liebsten allein. Mir tun immer die Ehepaare leid, die uralt miteinander geworden sind und dann stirbt einer von beiden weg. Ich habe das Gefühl, das ist eigentlich viel schlimmer, als meine Situation."* (Zitate aus: Dorothee von Meding, Mit dem Mut des Herzens, Die Frauen des 20. Juli, 1992)

Die „Blunzn“

Vom 8. Oktober bis 29. November 1998 befand sich Bamberg im Ausnahmezustand. Das Bamberger Künstlerhaus „Villa Concordia“, namentlich dessen Direktor Dr. Goldmann, hatte seine internationalen Verbindungen spielen lassen. Zum ersten Mal – weitere Male sollten folgen – war es ihm gelungen, einen weltweit bekannten und geschätzten Künstler für eine einzigartige Ausstellung von mehr als einem Dutzend Großplastiken im öffentlichen Raum zu gewinnen. Sein Name: Fernando Botero. 1932 in Kolumbien geboren, erreicht er mit seinen überlebensgroßen Bronzen Anerkennung bei allen Kennern moderner Kunst, wird sozusagen frenetisch gefeiert. Nicht so in Bamberg! Im Prospekt zur Bamberger Ausstellung wurde gewarnt: *„Doch Vorsicht! Plastik, Malerei und Zeichnung ... besitzen eine Handschrift: Die Vorliebe des Künstlers zu voluminösen Formen ...“* Was der Stadt da ins Haus schneite, war wahrhaftig voluminös. Nacktes Frauenfleisch an allen Ecken und Enden! Das Entsetzen bei moralisierenden Nörglern war groß, auch wenn die hochkarätige Ausstellung Menschen von weither nach Bamberg zog. Und flugs hatten die dicken Weiber durch einen in der Lokalpresse veröffentlichten Leserbrief ihren Namen weg: **„Blunzn“**. So nennt man in Franken eigentlich eine Blutwurst oder einen roten Pressack, doch auch fettlei-

Fernando Botero „Liegende mit Frucht“

bige Frauen werden seit jeher sehr ungalant mit dieser Bezeichnung betitelt. Nach wenigen Wochen hatte sich die Aufregung gelegt und einige der vier Ausstellungen der nachfolgenden Jahre ließen mit Sehnsucht an die „Boteros“ zurückdenken. So schlecht waren die prallen Formen der Weiblichkeit, über die man schnell mal streicheln konnte, gar nicht. Und so hat Bamberg denn auch eine Figur gekauft. „Liegende mit Frucht“ wird die Dame genannt und damals, 1998, war sie direkt vor dem Kapitelshaus der Domherren und des Erzbischofs auf dem Domberg platziert. Der Künstlername war deshalb rasch vergessen und die frommen Bamberger machten eine „Eva mit Apfel“ in paradiesischer Nacktheit daraus, über deren Verführungskünste ja bereits die Bibel berichtet.

Heute befindet sich die „Liegende mit Frucht“, inzwischen liebevoll „Botera“ genannt, auf dem entlegenen und leider wenig attraktiven Heumarkt, macht aber weiterhin Schlagzeilen: Zum zehnjährigen Jubiläum der Bamberger Antiquitätentage im August 2005 sollte die Dame aus ihrem Dornröschenschlaf geweckt werden. Einige engagierte Antiquitätenhändler mit viel Phantasie wollten sie aus ihrem Schattendasein auf dem Heumarkt ins Rampenlicht und damit ins Blickfeld vieler tausend Bamberger und Touristen rücken. Der Plan war, die tonnenschwere Bronzefigur auf einem schwimmenden Ponton mitten in der Regnitz unweit des Alten Rathauses zu platzieren.

Der komplizierte und kostspielige Umzug gelang reibungslos, doch bereits nach wenigen Stunden bekam die nackte Dame Schlagseite und versank in den Fluten. Eine sofort gestartete Rettungsaktion gestaltete sich schwierig, doch nach etlicher Mühe war die „Botera“ unbeschädigt wieder auf dem Trockenen. Ihr Badeausflug, der sich über die gesamte Dauer der Antiquitätentage erstrecken sollte, gestaltete sich somit als ein Kurzurlaub, denn ein zweiter Versuch wurde nicht gestartet; man brachte die Figur an ihren angestammten Standort zurück. Und während die „Frau mit Frucht“ wieder gemütlich in ihrer Abgeschiedenheit auf dem Heumarkt lümmelt, entzündeten sich an der missglückten Aktion die Gemüter. Sie gab den Schreiberlingen im deutschen Blätterwald einmal mehr Gelegenheit, über die biederen Bamberger Bürger zu spötteln.

Boteros „Liegende mit Frucht“ 1998 vor dem Kapitelshaus

Fängt gerade erst an und wir alle hoffen, dass nicht über verheerende Kriege, große Naturkatastrophen, mörderische Terroranschläge oder vernichtende Seuchen zu berichten sein wird, sondern nur über wundervolle und außergewöhnliche Geschichten, wie die folgende.

Meine eigene Frauengeschichte

Manche Dinge passieren einem nie oder nur einmal im Leben. Von solch einem Ereignis möchte ich erzählen: Seit vielen Jahren arbeite ich neben meiner Autorentätigkeit als Gästeführerin für die Stadt Bamberg. Im Jahr 2001 erreichte mich über das Touristenbüro ein Brief mit der Anschrift: „*An die Dame mit Sommerhut, die am Freitag, dem 3. August, gegen 15.00/15.30 Uhr eine kleinere Gruppe vom Barockhotel zum Dom hinauf und dann – ich weiß nicht wohin – führte.*“
Ich las ungläubig und völlig fasziniert:
„*Liebe Adressatin,*
nach einigen vergeblichen Versuchen, irgendjemanden vom Tourismus- und Kongress-Service Bamberg zum Abheben eines Telefonhörers zu bewegen, nach einigem Zögern und Zweifeln, ob Ihnen das Folgende, wenn es Sie denn überhaupt erreicht, nicht zu kraus oder lächerlich vorkommen könnte, habe ich

mich nun doch dazu entschlossen, mein Loblied auf Bamberg, anstatt es immer nur anderen zu paraphrasieren, Ihnen als seiner Quintessenz selbst zu singen. Der Kürze und Einfachheit halber und aus Gründen der Dezenz muss ich dabei kräftig allegorisieren, was Sie um Himmels willen nicht kränken soll – dass Sie vieles andere und vieles mehr sind als meine Bamberger Dreifaltigkeit ist ja ohnehin klar. Lassen Sie mich also schildern.
Zunächst weckten mich, als ich im Hotelzimmer döste, zwei Stimmen: die artikulierende einer klugen Fremdenführerin und die helle einer regnitzischen Nachtigall, in die ich mich gleich verhörte. Endlich Melisma und Süßholz, endlich eine süddeutsche Tönung statt der regionüblichen ungeschlachten Lautung, in der die Schönheiten der Stadt gleichsam verschluckt oder angebellt werden. Endlich – es war schon der vorletzte Tag meiner Ferienwoche in Bamberg – sodann ein weibliches Habit, dessen gießende Formen und gedeckte Farben jenen Schönheiten nicht den Kampf ansagten, sich ihnen vielmehr unscheinbar anschmiegten, um zuletzt und zuallererst im leicht schräg sitzenden Hut, der mir leider das Gesicht verbarg, ein Quäntchen beizusteuern. Als die luftige Bekrönung dieser reichen Formenwelt am Domberg verschwand, war ich mit allem, die elende Touristenkleidung und den fränkischen Dialekt eingeschlossen, ausgesöhnt. Zuvor aber, im Dom, wohin ich der tönenden Vedute gefolgt war, hörte ich ein bisschen zu. Die Fremdenführerin sprach wiederum klug, vielleicht ein wenig herablassend, über den Reiter und dann hörte ich wieder die Nachtigall, welcher Metamorphose eine weitere folgen sollte. Die Dame mit Sommerhut redete derart begeistert und

gebärdenreich von der schönsten Skulptur, dass Schwung und Furor das denkbar Erstaunlichste vermochten. Da stand mit einem Mal – ‚ich sah, was noch keiner vor mir gesehen hatte und ich wage sogar, es auszusprechen' – sie selbst: Synagoga rediviva.
Der Ton ist nun doch, selbst wenn wir konzedieren, dass in Preisliedern nur die Übertreibungen stimmen, arg hochgeraten, und ich weiß nicht recht, wie ich schließen soll. Zu den Regeln solcher Begegnungen gehört es eigentlich, dass sie folgenlos bleiben, andererseits gehören gelegentliche Überschreitungen zum Innersten der Regeln. Entscheiden Sie!
Ich verbleibe derweil und summe aus einer Oper: ‚Komm, o holde Dame, sag an, wie ist Dein Name.'
Ihr ...."

Wie reagiert man auf solche Zeilen? Ich war geschmeichelt, neugierig und antwortete. Bald darauf war alles vergessen. Im Juni 2003 erreicht mich eine Karte mit folgenden Worten: „*Liebe Dame mit dem Sommerhut, als ich mich vor zwei Wochen für einen Sextettkurs in ... anmeldete (als Einspringer, eine Geige war ausgefallen), wusste ich nur: Schloss/Kloster, bei Coburg. Ein Blick auf die Karte hat mich nun belehrt, dass es gerade so gut ‚bei Bamberg' heißen könnte, ja eigentlich heißen müsste. Was ist mir Coburg! Mit Bamberg aber sind Sie verknüpft. Ich würde Sie gerne kennenlernen ... Darf ich Sie deswegen anrufen? In der Hoffnung, mit meiner Bitte nicht in Ihren Bereich (Kohlgarten heißt es in der Schönen Müllerin) sozusagen eingebrochen zu sein, küsse ich Ihre schönen, da bambergischen Hände.*"

Was tun? Hin- und hergerissen zwischen Ablehnung und Neugier war ich noch immer geschmeichelt. Die Neugier überwog und ich sagte zu. Der 13. August 2003 war der heißeste Tag, den ich je erlebt habe: 41° C, doch eifrig in Gespräche vertieft, merkten wir an diesem Nachmittag nichts davon. Zur Erinnerung an diese außergewöhnliche Begegnung hatte ich dem bis dahin unbekannten Minnesänger als Präsent ein Buch über sein geliebtes Bamberg mitgebracht. Wenig später kam ein kleines Päckchen, ebenfalls mit einem Büchlein. Es war signiert:
„Als Gegengabe und zur Erinnerung an unser Duett in ..., wunderschöne freie Kammermusik ohne vorgegebene Noten – und überhaupt.“
Der geneigte Leser möge nun seine Phantasie zügeln. Die Geschichte ist hier zu Ende.

Christine Freise-Wonka

EPILOG

Oh, Herr, Du weißt besser als ich, dass ich von Tag
zu Tag älter und eines Tages alt sein werde.
Bewahre mich vor der Einbildung,
bei jeder Gelegenheit und zu jedem Thema
etwas sagen zu müssen!

Erlöse mich von der großen Leidenschaft,
die Angelegenheiten anderer ordnen zu wollen!
Lehre mich, nachdenklich, aber nicht grüblerisch,
und hilfreich, aber nicht diktatorisch zu sein!
Bei meiner ungeheuren Ansammlung von
Weisheiten erscheint es mir ja schade, sie nicht
weiterzuleiten – aber Du verstehst, Herr,
dass ich mir ein paar Freunde erhalten möchte!

Lehre mich Schweigen über meine Krankheiten
und Beschwerden. Sie nehmen zu – und die Lust,
sie zu beschreiben, wächst von Jahr zu Jahr!
Ich wage nicht, die Gabe zu erflehen, mir Krank-
heitsschilderungen anderer mit Freude anzuhören,
aber lehre mich, sie geduldig zu ertragen!
Lehre mich die wunderbare Weisheit,
dass ich mich irren kann!

Erhalte mich so liebenswert als möglich.
Ich möchte keine Heilige sein – mit ihnen
lebt es sich so schwer. Aber ein alter Griesgram
ist das Krönungswerk des Teufels!
Lehre mich, an anderen Menschen unerwartet
Talente zu entdecken, und verleihe mir, oh Herr, die
schöne Gabe, sie auch zu erwähnen!

THERESIA VON AVILA (1515-1582)